亲吻销售

用文字温柔地俘获顾客

罗伯特·索耶

图书在版编目（CIP）数据

亲吻销售：用文字温柔的俘获顾客 / 罗伯特·索耶著；
蔡春华译. -- 南宁：广西美术出版社，2012.5
ISBN 978-7-5494-0534-3

Ⅰ.①亲… Ⅱ.①罗… Ⅲ.①广告－写作 Ⅳ.
①F713.8

中国版本图书馆CIP数据核字(2012)第095626号

亲吻销售：用文字温柔的俘获顾客
Qin Wen Xiao Shou: Yong Wen Zi Wen Rou De Fu Huo Gu Ke
原版书名：Kiss & Sell: writing for advertising
原作者名：Robert Sawyer
原出版号：ISBN 978-2-94037-346-8/2-940373-46-9
Copyright © AVA Publishing SA 2006
本书经 AVA Publishing SA 出版公司授权，
奇力计划股份有限公司中文版权所属，
由广西美术出版社出版。

作者：罗伯特·索耶
译者：蔡春华
策划编辑：陈先卓
责任编辑：陈先卓
责任校对：曾 珍　覃 燕
审读：张 芹
装帧设计：奇力文化
出版人：蓝小星
终审：黄宗湖
出版发行：广西美术出版社有限公司
地址：南宁市望园路9号
邮编：530022
网址：www.gxfinearts.com
印刷：上海利丰雅高印刷有限公司
版次：2012年07月第1版第1次印刷
开本：220mm×300mm 1/8
印张：23
书号：ISBN 978-7-5494-0534-3/F·24
定价：128.00元

目录

译者序

"我本不是召义人，乃是召罪人。"——《马太福音》第九章，第十三节

思想平庸而肤浅的巴尔扎克因为同情克伦威尔而开始写作；乔伊斯则发誓要为爱尔兰的道德和精神史写下自己的一章而执笔其第一部短篇小说集《都柏林人》；索尔仁尼琴因"为没有发言权的俄罗斯人保存记忆"被开除国籍后，面对西班牙记者用近乎哀叹的语调说："我从来没有打算成为一位西方作家……来到西方是违背我的意愿的。我只为自己的祖国写作。"……

每一位以码字为生的人手握笔杆时都会作亚里士多德式诘问：为谁写？以什么身份写？为谁的利益而写？纵观整个广告史，广告人都在努力寻求自己的职业尊严，即便有当上总统的人却声称"不做总统便做广告人"的激励性言辞聊以自慰，但仍然无法彻底地与这一行当的老祖宗——游走四方的江湖术士脱离开来。时至今日，他们更倾向于将自己乔装打扮成像律师、医师、会计师等专业人士。很难想象1905年前，绝大多数广告公司的领导们都是文人，只不过他们笔下所创作的不是散文与诗歌，而是广告文字。可以想象一百年前的广告盛会上，巨头们个个舌灿莲花、出口成章，而非今天的市侩数字与理性分析。但是广告总是随着市场而变化着，过去、现在、将来，唯一不变的就是其目的。

本书无意引导读者去回顾广告业过去的浪漫风采，恰恰旨在与读者探讨文案撰稿人如何应对当下及未来的变化和挑战。从公司命名、标题、广告标语、交互媒体、型录、长文案，乃至无字文案的广告无不包罗其中。感谢作者将其从业二十多年的经验与思考倾囊相授而非视为禁脔，书中更是援引近两百件最新案例进行抽丝剥茧、对应说明。

在这个打破常规的勇气成为罕有的年代，所幸的是作者并没有给我们添加了新的禁忌、壁垒或惯例。书中没有涌现诸如"文案应该这样写"或"不应该那样写"之类的规则，而是通过沟通、讨论，研读案例后学会拿捏文案撰写背后的各种动态变化。不只是帮助读者厘清于谁写、以什么身份写、为谁的利益而写，更提供如何写，以及如何写得更好的多种可能性。

作为广告创意人，通常靠兜售两样东西过活：一是创作广告，二是说服客户花费巨资发布你所做的第一件事情。通常只有做成第二件事情，你才能真正赚钱。本书"广告说明文字"部分对作品如何与营销策略的结合作了详细的解析与阐释。所以，这不只是一本教你做创意的书，更是一本教你兜售创意的书。由于作者的巧妙编排，既有纵向的系统性，又有横向的独立性，因而此书既适合入门者系统学习文案写作，也适合资深人士抽阅自己感兴趣的任一章节或任一案例。

作为译文书，尤其是一本关于广告文案写作的专著，永远有余地将其修改得更好，但这势必会延误读者的阅读时机。如果它能够做到忠实原著、阅读流畅、没有原则性错误，想必算是尽到译者的职责。翻译的过程中，所幸有奇力的同事们帮我释疑、推敲与校对。如果此书有那么丁点的出彩之处，都是他们的功劳。要是阁下不幸发现什么错漏之处，则是我坚持自己的偏执与愚见的结果。

在没有文化的人把持着文化产业的今天，同事们认为有必要以我个人名义署名作为此书的译者以厘清某种关系。

故亲署

蔡春华　奇力计画股份有限公司（发行人）

作者前言

我曾有幸参与文案撰稿人及创意总监们对那些雄心勃勃的文案的评论（包括我的作品）。开始是一件有趣的事情，但是很快便兴致索然。整个过程有些虚伪，评委们是认真的，我相信他们试图提供良好及诚恳的意见，但其结果往往只是提供了一个窥探评委个人品位的机会。假如他们喜欢某标题，便会微笑着对该文案赞许有加。若不合其意，则承认自己缺乏兴趣，并建议该如何修改以更合乎他们的口味。在所有的交谈中，我从来没有听过评委会问："这则广告有效吗？"也没有人会问："有什么理由让消费者选择该产品？"

大多数广告是失败的，这并不偏颇。这句话本身的正确与否毫无意义，因为绝大多数客户笃信这是事实。更为甚者，只有少数与我共事过的文案撰稿人或美术指导相信自己的作品，他们只是把这些作品当作其发挥创作天赋的一个实践。几乎没有人把功效当一回事，只有在客户审查时才会被关注到。那么成功广告背后的动力是什么呢？我认为其有两大因素：第一是广告投放的持续性；第二是"正确的"产品，很不幸的是它完全超越撰稿人的控制能力，它要合乎特定个人在特定地点、特定时间的利益。

文案撰稿人鲜少有机会去创造特定的地点和特定的时间，但可以捕捉。也就是说，他们可以去陈述"正确"的特征。这些都必须先去了解产品；去理解潜在顾客的身体、思想及情感；去研究产品与顾客之间的桥梁——媒体的属性。仅仅拥有巧妙的创意和文字及恰当的广告投放量度和强度是不够的。具体而言，必须用你的作品吸引并讨好消费者的眼球，承诺并说服他们的头脑，最终激励并引导他们的行为，否则不可能获得成功。

马歇尔·麦克卢汉（Marshall McLuhan）在《理解媒介：论人的延伸》（*Understanding Media: The Extensions of Man*）一书中写道："广告是任何杂志、报纸最重要的部分，因为在广告上所花费的心血、思考、智慧和艺术要比在任何杂志或印刷品上的文章及专访要多得多。"

我认为麦克卢汉只对了一半。好广告——也就是具有销售力的广告，比读者在他（她）能找到的报纸、杂志、电视或电脑屏幕里能找到的东西更加智慧、更具娱乐性，也更诚实。最终成就一篇好文案的是其将客户与产品联系起来的能力。就某种程度而言，好文案并不比那些令人神魂颠倒的情书逊色，它能让你心爱的人爱上你，并在可预见的将来都只爱你一个。

罗伯特·索耶（Robert Sawyer）2004年于纽约市

序言 史蒂夫·海登

我的创意哲学是这样的：

首先，我们要弄清楚一件事情：人类所创造的所有事物中99%是垃圾。换而言之，任何东西（包括广告创意）只有不到1%是出色的。我的标准颇高，以至于很少有东西可以取悦我，包括本人最富盛名的创意作品。基于我至少99%的时间处于不开心的状态下，人们或许会认为我既不是一位好的创意总监，也不是一个通情达理的人。

然而，我相信，正是这1%的好作品让所有付出成为值得。

那些优秀的作品改变了一切。它是人类进步的基础，给这个多舛的世界带来些许欢愉。尽管概率很小，但依然值得追求。

我个人的计算方式如下：

在所有事物中，10%是好的，60%为合格，20%则是差劲的，9%极其糟糕，而最后约1%就完全是祸害。

如今，我也相信这项统计数据同样适合人类的划分。管理的目标是帮助一般人超越平均水平，并给予优秀者最大的机会成就卓越。

那么天才则比优秀者更为稀缺。天才应该简单地让他单独做自己想做的事情，即便我们将其召之麾下，也不可能长期相处。

大卫·奥格威（David Ogilvy）认为我们应该雇用有头脑的绅士。前提是你得有百万美元进账方可供养十位雇员。近年来，拜产业兼并所赐，行业的利润大幅下降，百万美元只够支付不到一个人的四分之一薪资。因此，建议改变策略，雇用那些天资过人的讨厌鬼，虽然他们很难相处，毕竟他们的投资回报率高过那些优雅的绅士、淑女们。

避开焦油坑

每一个文案撰稿人都有责任防止客户流失。但总是有莽撞的长毛象坚持往焦油坑里冲，因为那里比较温暖且安全，很少有捕食者愿意跟进。直觉告诉你应该尽一切可能去拯救他们，有时，也不得不先放手，等到他们醒悟到自己所做的糊涂事后再出手也不晚。

我谨记绝不放弃任何一个客户。当时我就任某广告公司洛杉矶办公室的负责人，我坚持要终止与科威国际不动产（Coldwell Banker）的业务，这是一家著名的大型地产公司。该公司负责广告业务的女士爱骂人、极不友善，像个恶魔，所以我坚持要放弃他们。解除合约的那天，同事们很开心，召集全体员工并在大堂里烧毁科威公司标识泄愤。毫无疑问，这个邪恶的女魔头没几个月后就离开了，科威公司和Grey合作，在财务和创意方面取得了巨大的成功。

只有一个理由让你放弃客户，就是坚持把你和他们一起往焦油坑里拖。比如汉堡王（Burger King），在上世纪八十年代早期以"我选我味"（Have it your way）的广告获得了巨大成功。琅琅上口的广告语加上绝好的食品销售点，使其成为最成功的一家以抵制性定位抗衡麦当劳的快餐连锁店。广告公司以最大的努力保护这一定位较长一段时间后，因为关系紧张不得不放弃冲突而中止。随后，汉堡王进入了为期二十年的系列代理商替换及失败策略，直到最后重新用回"我选我味"。如果代理商简单地跟随客户的意愿打转，那将会在其他客户中造成广告渎职的恶名而自毁声誉，其中大部分也是具有同等分量的品牌。

就一般而言，必须以长远眼光来看待双方关系。广告公司里时不时的可能会出现不好的创意和客服团队，你的职责就是提醒自己果断地去更换那些无能为力的人员。在客户方面取得足够信任和成功后，偶尔你也可以帮助他们纠正一下错误的人员匹配。多数情况下，你得等到他们自己发现错误，然后打好你自己手上的牌。客户的不称职不能成为你不作为的借口，你必须竭尽全力帮助他们走出焦油坑，使得他们攀上繁荣与成功的顶峰。

广告，的确是一种空气污染，我们无时无刻不在其萦绕之中。颠覆（breakthough）是这个行业的第一要务。我居然听到客户要求广告不要"过于颠覆",因为他们的脑海里最重要的事情是不要惹上麻烦。他们要的是一个可靠的计划,花费一定的预算达到行业业务的标准,在年终所提交的报告中合乎要求,那么他们的生活就可以继续下去。

这些客户的真正目的在于保住他们的饭碗。

但是,顶尖品牌通常都是由公司最高层领导直接全程参与广告制作。如果你有幸遇到像史蒂夫·乔布斯(Steve Jobs)、保罗·普莱斯利(Paul Presler)、汤姆·福特(Tom Ford)、费尔·奈特(Phil Knight)或弗雷德·史密斯(Fred Smith)这样的人,你的成功会得到保障。这些公司的规模即便扩大到了必须建立健全和精细的作业机构,但他们仍然全时保持着创业的精神,苛求完美。

假如我们,这些可怜的人类,做任何事情都可以将小于1%变成大于1%,就一定可以在事业上出人头地。

史蒂夫·海登(Steve Hayden) 2004年于纽约市

史蒂夫·海登生长于加利福尼亚州,其职业生涯始于在底特律为通用汽车执笔文案。后来返回加州,先从事广告兼电视剧本写作,尔后放弃剧本写作专事于广告。在杰·恰特(Jay Chiat)因其发布的某一件作品而雇用他之前,曾先后在Clinton E. Frank与FCB为丰田与马自达撰写文案同时磨炼技艺。海登于1980年为Chiat Day设立纽约办公室,次年设立了三藩市办公室,并与李克劳(Lee Clow)一起为苹果电脑制作了著名的电视广告"1984"。1986年,海登被BBDO任命为西海岸业务营运主席兼首席执行官。在此期间,他为苹果赢得史上最高的市场份额,同时获得包括先锋电子(Pioneer Electronics)、Northrop-Grumman、必胜客(Pizza Hut)以及道奇汽车(Dodge)等在内的业务,使得公司规模扩增三倍。1994年,Ogilvy邀请海登去主掌新设立服务于IBM的"品牌管家"。2001年,他被擢升为该公司全球副主席,成为夏兰泽(Shelly Lazarus)的全球品牌创意伙伴。

序言 **罗伯特·格林伯格**

我们大多数人最容易忽略的事实是交互媒体的历史仅为九年。我们只是刚刚开始弄清楚网络是怎么回事儿，尤其是对网络广告撰写而言。现在我们得扪心自问：当我们所撰写的讯息出现在网络及移动装置上时，文案写作会有哪些变化？事实是，我们被自己的发明给绑架了，试想从LP进步到CD这些年来唱片封套文字的变化。其它传播媒体已经很成熟，如印刷品、广播及电视（以及流行音乐与电影）都有自己的一套规则。大家都熟悉该如何为纸张、看板、电台或三十秒的电视广告撰写文案。

传统媒体是大多数文案撰稿人工作或开始职业生涯的地方，当你转换到交互媒体，最常犯的错误便是再次利用你为其它媒体所创作的东西并将其搬到网络上去。这样做注定无效。不同的媒体有着不同的结构与不同的需求，而交互媒体针对不同的设计有着不同的要求。横幅的读法就不同于网站。此外，还需要考虑受众。网络的一切都是围绕受众。你不可能对访问IBM网站的IT专家与浏览耐克网站的黑人社区儿童用同样的方式说同样的话。

在线用户与杂志读者或电视观众的行为方式是有所区别的，尤其是获取信息方面。不论他们是新世纪的年轻人或是老学究，都会在网络上浏览信息。人们在网络上寻找他们感兴趣的东西，然后再利用这些信息满足自己的需求。所以受众是很重要的，作为文案撰稿人，重点是和大家分享品味与心愿。普瑞纳（Purina）的撰稿人必须喜欢动物，耐克篮球的撰稿人必须与篮球同呼吸共命运。为网络撰文更像是一本利基杂志供稿而非广告。其结果，你还是会提供有关产品、服务及品牌的讯息。

未来电视广告功能将用来强化知名度，它们的目的是驱使观众去访问网站，这一现象早就开始了。今天，电视广告几乎传递不了什么信息，它只是个短暂的体验，片尾会提示网站地址。比如，想要了解全部耐克信息，必须访问该品牌网站。基本上，汽车广告都是在设法让消费者浏览它们的网站。另外一个需要理解的重点是，所有单向性媒体的中心思想是说故事，几乎都是由开篇、中段、结束所组成。技术创新不断推进，但本质上，电视、音乐、电台或专题电影还是遵循这一表达方式。但是

交互媒体是双向式、体验式与非线性的。举例来说，在网络上没有单向路径，而是多个通道和接入点，故此网站可以容纳海量的信息。IBM网站就有超过六百万页的信息。问题是，因为包罗万象，就任由无序发展？因而带来了一项非常有趣的工作，我们不仅要创建内容，还要制定规则与准则以规范内容。

网络一直处于不断地变化中。我们经历着从在线型录的商品宣传页与交易为主的电子商务到体验性的智能网站的转变。如何为一个不断演化中的媒体撰写文案？你可以浏览大量网页，看看得奖网站。这是一个好办法，帮助掌握专业知识，学习到的东西足够可以写一篇文章乃至一本书。如果你恰巧对其中某些方面有兴趣，则有望成为个中高手。很快，大学就会开设网页撰稿的课程。到目前为止，我们还得为客户提供指导，并对文案进行训练，因为还没有这方面的技能培训课程。

我们寻找的是那种好奇、有想法、善用隐喻思考的人，有特别喜好与特长者也是我们所喜欢的。更重要的是我们所寻找的人必须了解并喜欢这种媒体。同时，尽可能了解一切你所能了解的事情，成为高手中的高手，这一点真的很重要。交互媒体不会取代传统媒体，但学会为多种不同媒体写文案还是很重要，因为这些媒体都会并存。交互媒体将会继续快速增长，所以，不论横幅、网页、电邮或无线装置，为它们撰写文案的能力是一项值得培养的技能。

那么，我有什么忠告呢？适应、持续学习并坚持下去。你会想到偷懒，但是要知道不进则退。你已经拥有各种工具了，如果你想出人头地，必须努力付出并竭尽全力。最后，如果你想要说什么，就放胆说。规则是人制定的，这是一个千载难逢的机会，留下你人生的印记，亲手编织未来。

罗伯特·M. 格林伯格（Robert M. Greenberg）
R/GA主席兼首席执行官

自1977年始，格林伯格即开始引领R/GA的未来，一家拥有250名雇员基于数码媒体的策略互动代理商。他致力于发展一个集合窄带、宽带与无线科技的新型商业模式，同时继续拥抱卓越创意与创新技术解决方案的价值。该公司开发了集合娱乐、沟通、营销于一体的非线性数码实施计划，为《财富》（Fortune）五百家企业提供创新解决方案。格林伯格是第一家结合平面、电视广告与长片电影等不同领域于一身的公司，R/GA的大量作品涵盖了400部长片电影与4000部电视广告。他从业以来几乎赢得了包括奥斯卡、克里奥与戛纳在内所有创意行业的奖项，其中最为引人注目的奖项是R/GA作品在三藩当代艺术博物馆展出时获得的休伊特国家设计奖（Cooper-Hewitt National Design Award）与克莱斯勒创新设计奖（Chrysler Award for Innovation in Design）。他曾被任命为2004年戛纳互动奖（Cyber Lions）评审主席。

他还在众多致力研究设计与创意的学校和组织中担任过要职，包括：艺术指导俱乐部董事会（Art Directors Club Board of Directors）主席、布鲁克林音乐学院（Brooklyn Academy of Music）、纽约大学提斯艺术学院院长理事会顾问委员会（Dean's Council Advisory Board of Tisch School of the Arts）、帕森斯设计学院与艺术工作室学院。现在格林伯格在纽约大学提斯艺术学院担任ITP课程兼职教授。

序言 彼得·阿内尔

一张图片可以道尽千言万语。

众所周知，我并非从事传统意义上的"文字"创作，这是我乐于被邀请为一本文案写作书撰写序言的原因。

我所要对读者诸君说的是：

文案不只是文字。

文案是一种需要通过各种视觉和文字艺术带来生命的创意；文案是读者的贴士；文案是感受的结果；文案是你翻过此页后久久不能忘怀的记忆。

作为一名寡言少语者，我将力求此序简洁得体。

文字可以释义，但图像亦能发声。

下面是唐娜·卡兰（Donna Karan）"沐浴与身体"的广告。因为它能有效传递品牌形象、产品属性、消费者利益、用户体验而广为人知。广告中没有文字，读者可以从商标（logo）中得知所要购买的产品。

如果你能将这则广告向你所诉说的那样去表达，那么事实上，你正在与一种最具说服力的文案形式——能传递千言万语的图像在交谈。

彼得·阿内尔（Peter Arnell）2003年于纽约市

彼得·阿内尔是Arnell Group主席兼首席创意官，Arnell Group是一家品牌理念与体验营销公司，致力于整合品牌、策略与传播解决方案。作为一名毕业于哥伦比亚与普林斯顿两所大学的专业建筑师与设计师，阿内尔先生的职业生涯始于为建筑、设计类图书的撰稿与设计。他曾出版超过十八本图书，包括关于弗兰克·格里（Frank Gehry）、奥尔多·罗西（Aldo Rossi）、詹姆斯·斯特林（James Stirling）的学术专著。在出版业的成功促使他为Donna Karan建立形象识别，同时也开创性地为其塑造了DKNY品牌。

阿内尔先生在为联合埃迪逊（Consolidated Edison）、消费电子巨头三星集团（Samsung Group）等众多客户建立品牌平台与营销策略上扮演相当重要的角色。他同时也在诸如宝丽来（Polaroid）、天空电信（SkyTel）及香蕉共和国（Banana Republic）等品牌的重新塑造过程中起到重要作用。其它作品包括在1997年通过与缇娜·特纳（Tina Turner）开创性的合作而复兴的Hanes袜业。因为成功将雷朋（Ray-Ban）太阳镜植入《星际战警》（Black in Men）电影，他开创了新产品植入式广告成为整合营销一部分的先河。他还将娱乐与营销整合到广告运动中来，如组织百事与环球音乐集团合作推出的专利性音乐项目；重写克莱斯勒品牌语言，包括该品牌与席琳·迪翁（Celine Dion）独特合作伙伴关系。

最近，阿内尔先生重整了锐步（Reebok）品牌，构建了一个结合Hip-Hop艺人与运动员生活方式的RBK品牌，并获得了无与伦比的成功，还特地开发了以说唱艺人Jay-Z为主题的服装线。另外，因为将音乐天才贾斯汀·提姆布莱克（Justin Timberlake）与"海王星"双人组合（The Neptunes）注入麦当劳文化，阿内尔先生造就了麦当劳品牌印象的巨大转变。

引言

《亲吻销售：用文字温柔地俘获顾客》的编排形式可以令读者打开任何一页即可参与到文案写作技巧的讨论中来。从印刷品、广播到所谓交互媒体等各种媒介与主题；从长篇累牍到无字天书的文案写作技巧与策略，都被一一讨论。书中还引用了行业内现役高手们的洞见与趣事作为对作者分析与观察的补充。

本书不对那些用以阐述各种观点的作品加以评判，没有对或错的案例。这些广告作品并非用以分析解剖，相反，本书旨在帮助学生及专业人士来区分他们是以个人的品味与喜好，还是客观与批判性态度来解读这些案例。通过对本书进行彻底研读后，读者会清楚拿捏有效文案写作背后的各种动态变化，然后坐下来开始自己撰写文案。

"文案写作"是本书最为重要也是最长的一章，因为它分篇介绍了广告的各种创意、方法、技能、类型。每篇约2—6页，各篇以简短的文字开始该篇的综合描述。而广告案例中的说明性文字则以简洁明了的方式对其进行解剖与分析。

各篇均自成一体，各个带有说明性文字的案例亦自成一体。读者不必非得从每篇的引导文开始，可以直接阅读案例及其说明，或随时回到正文。

只要你高兴，随机翻开本书的任一页阅读，或者也可以从第一页开始循序渐进。

案例中所选的作品为原作，图片够大，阅读正文没有任何问题。

附有大量的作品。好好阅读，并做到：
尽量不要带着批判的眼光；
不管你认为他们是否具有创意；
不论自己是否喜欢其中的商品或广告主；
不要问自己：他们是否够好，而是：文案的企图是什么？他（她）达成了吗？

可能他们成功了，这是他们之所以被本书所选用，也没有负面批评的原因。你不会读到诸如"文案本该这样或那样却没有这样做"之类的话语，因为本书的关注点与你一样——成功。

仅仅因为你的广告看起来不错并不能确保人们会去关注它。你知道有多少人精心打扮却乏人问津。

威廉"比尔"·伯恩巴克（William 'Bill' Bernbach），广告先驱，引自《伯恩巴克如是说》（*Bill Bernbach Said...*），纽约：DDB Needham Worldwide，1989年出版

我语言的极限即我思维的极限。

路德维希·维特根斯坦（Ludwig Wittgenstein），德国哲学家，引自《逻辑哲学论》（*Tractatus Logico-Philosophicus*），纽约：Harcourt, Brace & Company与伦敦：K. Paul, Trench, Trubner & Co.,1922年出版，第五、六分册

广告是印在纸上的推销。这是它最简洁，也可能是最经得起推敲与检验的定义。

丹尼尔·斯塔奇（Daniel Starch），引自《广告原理》（*Principles of Advertising*），芝加哥：A.W. Shaw公司，1923年出版，第5页

一天结束，我所有的注意力都放在作品上。一切能令我创作出最佳作品的事，我都愿意去做。

大卫·德罗加（David Droga），Publicis Worldwide执行创意总监，引自《创意》杂志，2003年2月出版

如何充分使用本书

夸张与夸大的艺术

夸张是一种言过其实或不切实际的陈述。

虽然它并非指字面意思，但是它可以强调你的某一观点。夸张是一种基于事实的想象而虚构，运用夸张可以避开个人抵制的方法，况且人们往往乐于享受其中。

夸张是允许你夸大信息而不至于令读者摸不着头脑。你可以作夸大的表述而不被质疑是因为理智的人知道你不是在真正作出一个无法兑现的承诺。另外一个好处是：运用夸张的手法后，你可以淘汰使用最高级或不相干的形容词。

夸张让你以轻声细语作出大承诺。

夸张可以说得很温柔。

夸张可以间接表述。

夸张可以作出不会引起争议的声明。

夸张可以意味盎然。

人人都在夸夸其读。

在各种多变的环境中，风格成为公众获取信息的主要形式。
斯图尔特·尤恩（Stuart Ewen），引自《消费实向：当代文化下的政治风格》（All Consuming Images: The Politics of Style in Contemporary Culture）的"培素版"纽约：Basic Books，1999年出版，第261页

说出全部事实，但要避免直述。成功在于迂回。
艾米莉·狄金森（Emily Dickinson，1830—1886）·美国诗人·引自托马斯·约翰逊（Thomas H. Johnson）编《艾米莉·狄金森诗歌全集》（The Complete Poems of Emily Dickinson）·波士顿：Little, Brown & Co., 1960年出版

如何阅读本书
从开始页通读到最后页。

只选自己喜欢的部分阅读。

随兴翻阅各章节。

广告说明文字用以解释：
1. 文案如何解决问题；
2. 他们是如何思考及他们的观点是什么；
3. 为何他们选择做此决定；
4. 他们制定什么样的营销策略；
5. 为什么具体的方法用以具体的客户、产品或服务；
6. 为何该文案有效；
7. 采用了哪些手法与形式及为什么。

广告正文参考译文：
1. 文案写了些什么；
2. 如何诠释产品讯息；
3. 是否对应广告说明。

散布在内页上随处可见的言语：
1. 强化该章节的内容；
2. 提供广告先驱或著名专家对理论的深刻洞见；
3. 通过历史上的文学或哲学巨人们的沉思获取灵感；
4. 仅供娱乐与消遣。

边栏的用途：
1. 精辟的例子；
2. 相关的细节；
3. 注意事项；
4. 正文或说明文的摘要；
5. 用词与术语的释义；
6. 格言。

源自真实世界的真实广告
本书并非一本广告年鉴或获奖作品集。所引用的案例很大程度上为随意选取，现实生活中人们所看到的广告就是这样。采用这样的方法也是因为大多数文案撰稿人极少可以自己选择客户或任务。

本书选用的广告作品主要源自杂志，这样选择是因为平面广告是可以说明和解读一切有关文案写作的最好例子。另外一个原因则是因为电视与交互媒体的广告文案主要是协同合作的结果，包括众多专业人士，它更像电影，每一个人对作品的成功都很重要。

然而，在现实世界，假如文案撰稿人只能为自己幻想中的客户创作好作品，他的职业生涯将可能大受挫折。大多数撰稿人永远没有机会为这样的客户服务，这是为何只有极少数获奖作品被选入本书的原因：它们都是源自真实世界的真实广告。

#01

第一章

什么是
文案写作？

绝对牌伏特加：绝对血统
在这个新广告运动中，绝对伏特加转换了焦点。经过多年以Absolut之名与时兴的当代艺术家、设计师，以及地名或者概念的双关语标题匹配后，新文案看起来更注重产品本身。此时，"绝对"品牌与"血统"（origin）联系在一起。"血统"隐喻其纯正性。血统的纯正性对伏特加消费者来说是一个核心问题，该品牌成就了这一点。

创意总监　　　　　Joseph Mazzaferro
美术指导　　　　　Andy Hall
代理商　　　　　　TBWA/Chiat/Day New York
客户　　　　　　　Absolut

绝对血统
所有Absolut来自同一个源头，同一含水层，同一片土地上长出的小麦，同一间瑞典奥胡斯酿酒厂。所有Absolut只有一个Absolut。我们献身于完美的Absolut。

文案撰稿人只是撰写文字，是这样吗？

文案撰稿人是故事讲述者。

这个工作是以合适的声调对合适的人群讲述合适的故事。

有些撰稿人认为自己是形象塑造者，有些则设法不去写广告。

撰稿人们凭自己的经验和专业取得共识：广告文案写作不同于任何其它形式写作。因为广告的终极目标不是自身，而是用以推广特定商品或服务。

这就是为何有关于文案写作的书（包括本书）不是那么关注文字，而是更关注创意及如何让创意驱动销售。文案若不能帮助销售将无以在广告中立足。

广告是关于产品或服务，而非广告本身。

销售才是一切的一切。

文案本身就是一种独一无二的形式。

文案选择正面的事实而忽略负面的因素。

广告总有诗歌的一席之地。
哈尔・赖利（Hal Riney），广告业传奇人物，前三藩市Hal Riney & Partners公司创办人

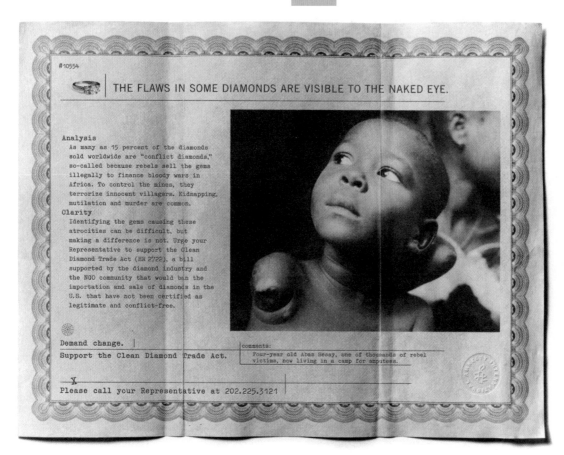

大赦国际：钻石上的瑕疵……
该文案以一位宝石专家的口吻托
盘而出，在标题上玩了个双关语
游戏。但这不是为了博得读者会
心一笑，而是为了开启他们的心
灵之窗。广告也演示了如何以无
声的方式表达愤慨。

文案　　　　　Vince Beggin
创意总监　　　Melissa Johnson
素材采购　　　Dana Aschoff
制作　　　　　Irene Lockwood
摄影　　　　　Courtesy of Curtis Johnson and World Vision
代理商　　　　Martin Williams
客户　　　　　Amnesty International (Adotei Akwei, Helen
　　　　　　　Garrett)

编号：10554
钻石上的瑕疵，肉眼可见。
概况：
销往全球的钻石多达15%属于"血腥钻石"
（conflict diamond），因为非洲叛军为筹集
战争所需经费而非法销售钻石，为控制矿
山，他们恐吓无辜的村民，绑架、残害及杀
死平民。
明晰：
鉴定因宝石所带来的暴行是困难的，但要影
响其行为却并不难。督促你的议员支持纯净
钻石贸易法案（HR 2722），一项禁止钻石
行业与非政府组织在美国进口和销售未认证
其合法性钻石的法案。

创意第一，文字次之

（文案）写作是演绎产品或服务如何为
个人生活的改善、舒适化，乃至些许奇
迹的真实发生。

艾德·麦凯布（Ed McCabe），引自广告文案圣经《全球32位顶尖广告文案的写作之道》
（*The Copywriter's Bible: How 32 of the World's Best Advertising Writers Write their
Copy*），英国：RotoVision，2000年出版

广告文案有一个其它任何形式写作都不能替代的事实：广告的
目的并非自身，而是超乎其自身的东西——产品。

托尼·考克斯（Tony Cox），引自广告文案圣经《全球32位顶尖广告文案的写作之道》，英
国：RotoVision，2000年出版

Style. Unlike any other.

Every Mercedes-Benz is designed to the most exacting specifications, then crafted with attention to the last 1/16 of an inch. Fully expect your expectations to be raised. Call 1-800-FOR-MERCEDES. Or visit MBUSA.com.

奔驰："裁缝"篇
"格调与众不同"是一个结构简单但联系密切的短语，它被分割成两段。"格调"（Style）一词或许早已在汽车广告中被滥用，此处独立使用，"与众不同"（Ulike any other）紧随其后。单词后面的句号形式在语法上也许不正确，但非常重要，它有力地强调了"格调"并使之与后面的语句产生了强烈的联系（同见第54页和第112页）。

文案　　　　　　Ben Hieger
联合创意总监／合伙人　Andy Hirsch, Randy Saitta
美术指导　　　　Craig Cimmino
摄影　　　　　　Darran Rees
代理商　　　　　Merkley + Partners New York
客户　　　　　　Mercedes-Benz
图片由奔驰美国公司提供，特此致谢！

格调，与众不同。
每一辆奔驰的设计依照最严苛的技术标准，其工艺照顾到最后一英寸的1/16。

文案撰稿人究竟写的是什么？

对于文字似乎已经变得不是那么重要的行业来说，这个答案并不那么明显。

在某些广告中，商标（Logo）就足以达成销售，而其它媒介上，恰到好处的音乐也可以做到这一点。所以，撰稿人越早明白文案只是一则完整广告的必要元素之一越好。文字只是构成传播的标识和符号元素的一部分，有时是主角，有时是配角。

虽然撰写广告文案需要创意，好文案则是需要不断学习、训练，以及时间的积淀而练就的一门手艺活。毫无疑问，绝妙的灵光闪现时有发生。从"只溶在口，不溶在手"（Melts in your mouth, not in your hand）、"想想还是小的好"（Think small）、"想做就做"（Just do it）到"开车吧"（Let's motor），这些广告语的灵感看来如有神助，但最终被采用是经历过千锤百炼而得来的结果。重写、重写、再重写，是好文案的必然过程。

究竟如何才能写好文案呢？第一步，必须对文字心存信仰，相信文字是有力量的，文字是可以驱使人们付诸行动的。但是，写出好文案的秘密是什么呢？是否真的存在？专业人士经常叫嚷着的口号是"修改，修改，再修改"，而另外一部分人则呢喃着"简化"。许多广告公司高级文案主管与创意总监经常援引美国小说家马克·吐温的警句："杀死汝爱"。言下之意是：不要抱着那些你所珍爱的句子、词组、短语不放，它们一无是处——那只是你一厢情愿而已。

最后，它不是你一个人可以完成的作品。
你必须记住的重点是，一则广告作品的成败背后有着许多超出你控制力的可能性。日程安排、预算、失准的调研、无趣的老板、嫉妒的同僚、失当的媒体采购、无理甚或粗暴的客户干涉、办公室内部或部门之间的政治、甚至客户配偶的观点以及林林总总无数的变数都将决定作品的命运。所以，你必须认真对待工作本身，而非对其结果耿耿于怀。

文案只是沟通标识与符号的一种元素。

灵感犹如神殿上的箴言，稍纵即逝，无可多得。

简洁出色的文案源自重写、重写、再重写。

撰写好文案是一门可以习得的手艺活。

文案，要像律师一样，通过选择正面的事实，忽略负面的因素，为客户构建令人信服的论述。
保罗·希尔弗曼（Paul Silverman），引自广告文案圣经《全球32位顶尖广告文案的写作之道》，英国：RotoVision，2000年出版

Transformation.

It's a big word.

Going into the DNA
of the business.

Pulling best practices
from other industries.

Pulling together decades
of category experience,
street-smart big thinkers and
the newest technology.

Done well, it can turn old
processes into new profits.

But who could do all that?

Everything at once?

Who would have the depth?

Introducing **IBM** Business Consulting Services

Industry insight. Strategy. Process. Deployment. Start-to-finish accountability. Delivered on-site, outsourced or on-demand.

deeper

ibm.com/bcs

IBM：深入

当行业巨头选择用一个词以描述其新组建的
咨询部门时，他们期望这个词足以表达其分
量。深入（Deeper）此处具有双重含义：其
一是IBM拥有深厚的可调配资源，其二便是选
择了IBM的客户将会深刻体会到其服务所带来
的如释重负的轻松感。

创意总监	Andy Berndt, John McNeil
文案	Larry Goldstein
美术指导	Andy Gray
摄影	J.P. Fruchet/Getty Images
代理商	Ogilvy & Mather New York
客户	IBM

深入

嬗变：
这是个大世界。
进入产业的核心。
尽收其它行业的最佳实践。
结合数十年的类别经验，社会智囊团及最
新科技。
经营得当，可以让老方法产生新利润。
但是谁可以做到上述全部？
一应俱全？
谁更有深度？
推荐IBM商业顾问服务。

并非**散文**
亦非**诗歌**

广告是多姿多彩的世界里一场视觉脱衣舞秀。

马歇尔·麦克卢汉，引自威尔逊·布莱恩·基伊（Wilson Bryan Key）著
《潜意识的诱惑：美国对广告媒体的有意操纵》（*Subliminal Seduction:
Ad Media's Manipulation of a Not So Innocent America*）前言，纽约：
Signet Books，1974年出版

**写出一则不像广告的广告并非易事。我可
以为某一句子耗上几个小时，还会为一个
长文案广告易稿二十次。**

因陀罗·辛哈（Indra Sinha），引自广告文案圣经《全球32位
顶尖广告文案的写作之道》，英国：RotoVision，2000年出版

即便广告不是一种官方或国家的艺术，
但它确切无疑还是艺术。

迈克尔·舒德森（Michael Schudson），引自《广告：艰难的说服——广告对美国社会影响的不确定性》（Advertising, The Uneasy Persuasion: Its Dubious Impact on American Society），纽约：Basic Books，1984年出版，第222页

"That's it?"

beside him in the bottom bunk, lying there until he fell asleep, assuring him that Dick was merely hiding at a friend's house, that he would be found and brought home.

"But whose house would he hide in?" Cole pointed out. "What friend?"

Christmas came tainted. When Cole was asked what he wanted, he said that he wanted to go home and meant L.A. He wished for nothing else. Lizzie flew in from California, once more without her grandmother. This time, the woman had turned tail when she saw the cab at the curb of the nursing home.

"If you want to see her," Lizzie told her mother nonchalantly as she reached to switch on the car radio, "you're going to have to get your ass back to L.A."

Christmas Eve, Ann woke from a dream that it was Dick she'd found dead, swirling there in the swimming pool.

"What's wrong?" Richard asked, half asleep, his kind blind hand reaching, out of habit, to reassure her.

"Nothing," she said, sliding away from his touch.

Cole's twelfth birthday fell on a bitter January Saturday. Under duress, he'd invited three boys, somewhat randomly—they were in his grade, they lived nearby. The doorbell rang at noon, although the party wouldn't start until four; the cake was still baking, the decorations

unhung. Ann opened the door to find Dick's parents on her doorstep, holding a puppy with a bow around its neck.

"We couldn't just sit there doing nothing," Nancy explained as Ann invited them inside. Her husband came in reluctantly, never having entered Ann's home before. But both the weather and the situation were too raw now for him to stand outside. The couple looked haunted, as if drained of a shared vital fluid. It occurred to Ann that they couldn't be completely sane at this moment. "We're looking for Dick," Nancy said. "We thought he might have come to Colorado. Gary saw it in a dream, the KOA campground in Fort Collins."

Dick's father blushed deeply inside the hood of his hunter's camouflage jacket. He was not a man accustomed to sharing his dreams, to having them made public. Nancy touched his sleeve with her free hand. This was how they stayed together, Ann saw—by giving permission, comfort, by being so much the other's missing half.

"Sit down," she said, indicating the couch before the hearth, where she'd just lit a fire. "Richard and Cole are out buying hot dogs. It's Cole's birthday." The smell of the cake baking was in the air; balloons were drifting under the dining-room table.

"And we brought him a present," Nancy said. "There's nothing like a Rot-

THE NEW YORKER, MAY 5, 2003　91

我不是一个真正的广告人，我只是一个喜欢写点酷东西的家伙。

肯·西格尔（Ken Segall），Euro RSCG Worldwide合伙人及Intel全球创意总监告诉本书作者

纽约健康与壁球俱乐部："症状：治疗"系列广告
因为听起来像真的所以是好故事呢，还是因为它是个好故事才听起来像真的？该系列广告的故事采用两个词组成的情节："症状"与"治疗"。这两个词足以说明问题的本质及扼要的解决方案，无需赘述。虽然广告主只是地方性经营，其潜在顾客为都市青年，方法则放诸四海皆准。

创意总监　　　　Steve Conner
文案　　　　　　Steve Conner
美术指导　　　　Diana Wilson
摄影　　　　　　Steve Conner
代理商　　　　　The STEVE Agency
客户　　　　　　New York Health + Racquet Club (NYHRC)

该系列广告的构思、创意及执行由The STEVE Agency完成。

（左）　　　　　　　　　　（对页左）
症状：　　　　　　　　　　症状：
魔术胸罩　　　　　　　　　新工作
吊带丝袜　　　　　　　　　新女友
当季新鞋　　　　　　　　　新狗狗
疗法：　　　　　　　　　　疗法：
伸展并矫正肢体　　　　　　日出冥想
费用：$0　　　　　　　　　费用：$0
（右）　　　　　　　　　　（对页右）
症状：　　　　　　　　　　症状：
小型公寓　　　　　　　　　银行排队
拥挤地铁　　　　　　　　　熟食店排队
狭窄卧室　　　　　　　　　去排队的路上
疗法：　　　　　　　　　　疗法：
哈达瑜伽　　　　　　　　　四个中心区地点
费用：$0

好文案不一定非要原创，也不一定必须具有文学价值。好的撰稿人不一定要精通文法与句法结构。

好的撰稿人要具备说服的能力。好文案即好理由，而好理由甚少有信手拈来即可。撰稿人用条理分明、客观次序、一个字挨着一个字、一句子接着一句子地为客户写稿，好文案的成功往往源自认真严肃、一丝不苟地追求细节。

如果撰稿人所写的每个字、短语或句子可以吸引读者了解下一步、下一步、再下一步的兴趣，他就成功了。为特定的个体写文案比较容易，当你知道谁是倾诉对象后，事先就可以预知对方想要听到什么。他们要知道哪辆汽车更快，哪家公司更具创造力，哪个玩具更有趣。

有可能你的文案每次都能打动读者，但这样的情况很少发生。为磨练技艺，你必须重写、重写、再重写，直到文字能说出真相。

如何获得真相：
1. 写故事；
2. 大声读给自己听；
3. 找出其中令人反感的部分；
4. 解释反感的理由；
5. 驳斥这个理由；
6. 重新来过；
7. 再次找出令人反感的部分；
8. 为自己的论述辩解；
9. 重复辩解直至说服自己相信这是事实。

学习技巧：
伊恩·莱切斯尔（Ian Reichenthal）曾经为Cliff Freeman及Wieden + Kennedy等创意机构写过文案，他讲了一个这样的故事："作为刚入行时的菜鸟，我曾有幸与许多资深文案撰稿人一起共事。他们都很棒，其中一人尤其出色。几周后我恳请他点拨我如何成为一名优秀的撰稿人，这位老哥告诉我说：'别急着写好，先学会写快。'"

这位撰稿人不是简单地一则接着一则写出广告，而是能够冷眼看待自己的文字。久而久之，他就学会了迅速抛弃那些垃圾，只关注最具价值的理念。越是写得快，就越少关注那些巧妙的双关语或金句。最后，他自然而然地像跑步运动员那样对坑坑洼洼视而不见，或像玩牌高手一样不瞄一眼即可顺手出牌。

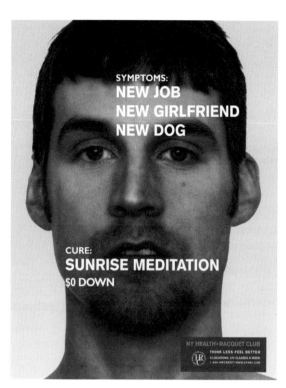

技巧，而非艺术

假如你周六没有来，那么周日也别来了。

一个在 Chiat Day 广告公司流传已久的笑话

归根结底，工作比自娱自乐更有趣。

引自查尔斯·波德莱尔（Charles Baudelaire，1821–1867），法国诗人，《我心赤裸》（Mon coeur mis à nu: journal intime）（1864），日内瓦：Claude Pichois，2001年出版

揽胜：一枚鸵鸟蛋可喂八人

成人，也像小孩一样喜欢故事。这则广告将口头讲述与文学叙事方式结合起来。一位擅长讲述故事的高手，以酒吧传言或冒险小说这种令人难以抗拒的方式开始娓娓道来。

创意总监   David Crawford, Jeremy Postaer
文案   Michael Buss, Jeremy Postaer
美术指导   Rob Story, David Crawford
代理商   GSD&M
客户   Land Rover

一枚鸵鸟蛋可以喂八人。

假如我们三十年来从制造揽胜汽车学会一件事情，那就是：一只鸵鸟蛋可以喂八个人。

那是1970年。

我们正准备介绍我们最新的——也有人说是最好的——成就给全世界：揽胜。但是，首先，如同其它知名汽车公司，我们进行了多次的野外测试。

然而，不同于其它知名汽车公司的是，当我们说"测试"时意味着"摧残"；当我们说"野外"时意味着"撒哈拉沙漠"……

IF WE'VE LEARNED ONE THING IN 30 YEARS OF BUILDING RANGE ROVERS, IT IS THIS:

AN OSTRICH EGG WILL FEED EIGHT MEN.

THE YEAR WAS 1970.

We were preparing to introduce our latest — and some say greatest — accomplishment to the world: the Range Rover. But first, like any well-regarded car company, we tested it extensively in the field. ¶ However, unlike any other well-regarded car company, when we say "tested," we mean "brutalized." And when we say "field," we mean "Sahara Desert." ¶ On that trek

2001 4.6 HSE

Strength from within.
Every Range Rover starts with a 14-gauge boxed steel frame with four crossmembers. It's terribly strong. It's terribly rigid. Maybe it's why Kiplinger's recently named the 4.6 HSE first for safety among SUVs.

Standard in the 4.6 HSE, an off-road, in-dash GPS will pinpoint your location down to within a few meters. We certainly could have used one of these in the Sahara.

we learned quite a few things. First, the Range Rover is an eminently qualified 4x4. Second, washing your car in the desert is an exercise in futility. And third (we have the governor of a Saharan oasis to thank for this), when you're running low on provisions, an ostrich egg omelet truly gives new meaning to the phrase "hearty breakfast." Particularly in those parts of the world where refusing a second helping is considered an insult of the highest order.

A smooth ride is good for digestion.

As we mentioned, on its first expedition the permanent four-wheel-drive Range Rover was a smashing, unmitigated success. Now consider what 30 years of steady improvement have brought to bear.

Range Rover enthusiasts now have the benefit of four-wheel electronic traction control (4ETC). Four speed sensors independently monitor any changes in wheel speed. If they sense any slippage, they instantly apply the brakes to the offending wheel and transfer power to the ones that have more traction.

There's our advanced four-channel, all-terrain ABS braking system. It's smart enough to "see" the road (or lack thereof) and adjust its braking profile accordingly.

Most impressive, though, is our exclusive Electronic Air Suspension. Instead of utilizing traditional springs, the Range Rover uses air springs to dynamically raise or lower ride height a full five inches. You can manually lower the vehicle to ease access, raise it for fording rivers — EAS

will even lower the vehicle automatically at highway speed for better aerodynamics and performance.

The very first luxury SUV.

From the beginning, Range Rover was designed to be luxurious. And as the knowledgeable driver's tastes in luxury have evolved over the years, so has our list of amenities.

The ergonomically designed leather front seats adjust 10 ways and, of course, are heated. Additional coachwork and burled walnut accents complete the interior.

For extreme climatic conditions CFC-free, dual-zone climate control with a sophisticated pollen filtration system isn't just a good idea. It's an absolute must.

You'll also find a 460-watt, 12-speaker Harman Kardon audio system with weather band, digital sound processor, six-disc CD changer and active subwoofer. For safety, remote controls are thoughtfully mounted on the steering wheel.

What option do you have?

None, really. The Range Rover 4.6 HSE is so lavishly appointed, it's even fitted with an in-dash GPS navigation system. But unlike many other systems, it's specifically designed to work even where there are no roads. Should you wander off the beaten path (an eventuality that's all but guaranteed, considering our pedigree) you'll still be able to get directions to, say, your favorite restaurant. If only we had had that option 30 years ago.

LAND-ROVER

RANGE ROVER

A Royal Warrant is the highest honor a company can receive in Great Britain for products and services relied upon by royalty. Land Rover has been awarded four Royal Warrants, the highest number possible.

I AM A SHELL.

I CAN FIGHT CANCER. I AM *MERCENARIA MERCENARIA.*
I HAVE AN EXTRACT IN MY SHELL THAT HAS THE POWER TO
SLOW CANCERS IN MICE. I HAVE THE POWER TO BE THE NEXT
PENICILLIN. I AM MORE THAN A SHELL.

I AM A NETWORK.

I CAN TURN SHELLS INTO MEDICINE. I HAVE THE POWER TO
MOVE CLINICAL TRIALS ONLINE SO NEW DRUGS GET TO
MARKET FASTER. I HAVE THE POWER TO PROTECT A PATIENT'S
PRIVACY. I CAN USE THE POWER OF E-LEARNING TO LET
DOCTORS SHARE RESEARCH WITH OTHER DOCTORS. I THINK
SHARING IS CARING. I AM MORE THAN A NETWORK.

CISCO SYSTEMS

THIS IS THE POWER OF THE NETWORK. NOW.
cisco.com/powernow

思科系统：我是贝壳 / 我是网络
这个简单的故事却讲述了一个并不简单的事
实。广告并非为改变读者的想法而创作，而是
为了加强读者已有的观念。广告陈述的事实为
思科是值得信赖的伙伴，因为他们知道网络的
真正力量。

创意总监	Dan Burrier, Gavin Milner
文案	Steve P. Williams
美术指导	Justin Hooper
摄影师	Christian Stohl
制作人	Leslie D' Acri
代理商	Ogilvy & Mather
客户	Cisco Systems

我是贝壳。
我可以抵抗癌症。我是圆蛤。我的贝壳里面有一种汁液可以
缓解老鼠身上的癌症。我有能力成为下一个青霉素。我不只
是一个贝壳。
我是网络。
我可以把贝壳转变为药物。我有能力把临床实验搬到线上，
这样可以让新药更快上市。我有能力规划患者隐私。我可以
运用数码学习让医生们分享研究成果。我认为分享就是关
爱。我不只是网络。

学会说服。

如果你知道谁是你的读者，你就会知
道他们想要知道什么。

好文案就是好理由。

文案撰稿人毋需比受众更具文化修
养。

我猜想除了政治，再没有任何一个行业比广告更让人费尽心思
咬文嚼字了。
杰夫·理查兹（Jef Richards），德克萨斯大学奥斯汀分校广告教授，1997年

文字是用以斟酌，而非计数。
犹太谚语，引自罗伯特·菲茨亨利（Robert I. Fitzhenry）编《哈珀名言
集》（*The Harper Book of Quotations*），纽约：Harper Perennnial出版
社，1993年第三版

23

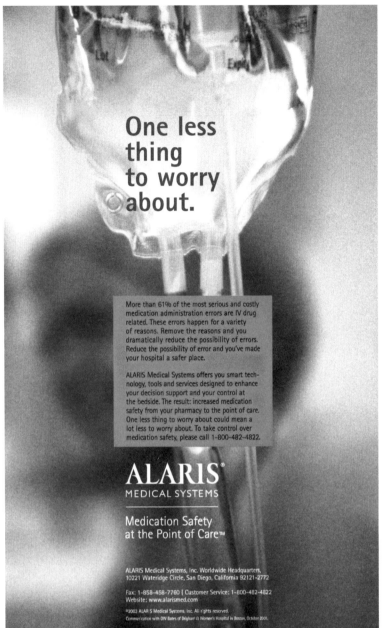

Alaris：少了一件担忧之事
假如你知道一个不可辩驳的事实，说出来；假如单一议题足以表达全部主张，讲出来；假如需要一个重大的承诺，那就承诺吧。文案不需要花哨，Alaris的文案就是如此，但是要让读者听起来真实可靠。

创意总监/美术指导　　Dean Alexander, Robert Sawyer
创意总监/文案　　　　Robert Sawyer
设计制作　　　　　　Paul Rodriguez
设计公司　　　　　　Alexander Design Associates Inc.
客户总监　　　　　　Peter Nolan, Dana Weissfield, Audrey Ronis-Tobin
品牌营销总监　　　　Trudi Bresner
代理商　　　　　　　T. Bresner Associates
客户　　　　　　　　Alaris Medical

少了一件担忧之事。
超过61%的重大药物事故及经济损失都与静脉注射有关。这些事故的发生有着各种各样的原因。消除这些原因的同时，你也就明显地减低了错误的可能性。消除了这些错误的可能性，你的医院也就能成为更为安全的地方。
Alaris医疗系统为你提供智能科技、器械及用于增强决策支持与临床控制能力的服务。其结果是：从药房到门诊都加强了医疗安全。少了一件担忧之事意味着少了很多麻烦事。

除非人们相信你，否则事实不能成之为事实；要想人们相信你，就得让他们知道你在说什么；要想让他们知道你在说什么，就得让他们听你说；要想让他们听你说，你就得说得有趣；除非你说的事情有想象力、又具原创性以及新鲜感，否则不会有趣。
威廉"比尔"·伯恩巴克，广告先驱，引自《伯恩巴克如是说》，纽约：DDB Needham Worldwide，1989年出版

我认为，伟大创意人的秘诀在于对生活各个方面保持好奇心。
李奥·贝纳（Leo Burnett），引自《百感交集：广告大师李奥·贝纳的100句名言》（100 LEO's: Wit and wisdom from Leo Burnett），芝加哥：Leo Burnett出版，第26页

你必须知道自己在讲什么，且不论说服性，即便是为了资讯性。你得知道汽车是如何组装，鸡肉是如何分切，表面活性剂如何产生作用，在异国他乡会有什么样的遭遇，炼油厂是如何炼油的，等等。
鲍伯·利文森（Bob Levenson），广告经营者和作家，引自广告文案圣经《全球32位顶尖广告文案的写作之道》，英国；RotoVision，2000年出版

知道真相是好的，但是更好的是把它说给棕榈树听。
阿拉伯谚语，引自罗伯特·菲茨亨利利编《哈珀名言集》，纽约：Harper Perennnial出版社，1993年第三版

Daytona. Watkins Glen. Road America. These are the daily commutes of the Team Lexus I·S. Where it takes on the likes of BMW, Porsche and Audi, and does exceedingly well, thank you very much. Now granted, the rigors of your daily driving may not be as demanding as those of the professional race circuit. In fact, we know they're not. But isn't it

IF IT HANDLES LIKE A PERFORMANCE CAR, THAT'S BECAUSE IT IS.

nice to know you can explode off the line with a 3.0-liter, 215-horsepower in-line 6, should the need arise? Or carve decisively into a curve with confidence and discernible adrenaline flow, knowing the power-assisted rack-and-pinion steering and sport-tuned suspension are at your command? If you're not sure of the answer, ask a Team Lexus driver. And get ready for an earful.

Can an automobile delight, comfort, fascinate and energize you? Take lexus.com for a test drive. The Passionate Pursuit of Perfection.　　Ⓛ **LEXUS**

Lexus reminds you to wear seatbelts, secure children in rear seat, obey all speed laws and drive responsibly. ©2002 Lexus, a Division of Toyota Motor Sales, U.S.A., Inc. For more information, call 800-USA-LEXUS (800-872-5398) or visit us at lexus.com.

雷克萨斯：如果它开起来像一辆性能车……
如果你想去改变一种观念，就要知道想变成什么样的。避免笼统性，敢于担当风险，指名道姓，了解对手，陈述事实并坚持己见。这就是此文案撰稿人所做到的一切。

文案	Jon Pearce
美术指导	Jim Dearing
首席创意	Tom Cordner
摄影师	David LeBon
制片经理	Wendi Green
图片制作	Tracy Thomas
印刷制作	Dana Ruiz
客户服务	Rudi Anthony
代理商	Team One
客户	Lexus

如果它开起来像一辆性能车，那么它本身就是。
戴通纳海滩、沃特金斯峡谷、美国公路赛道，它们都是Lexus IS经常出入之地。如同接纳BMW、Porsche和Audi一样，极其融洽地接纳了我们，真挚地感谢你们。当然，日常驾驶需求可能不需要像专业汽车比赛那么严苛。事实上，我们也知道没有这个必要。但它安装了一颗可以爆发出215匹马力的3.0升六缸引擎，如果有需要的话不是很好吗？在你的指令下契合助力齿条式转向和运动调校悬挂，带着十足自信与肾上腺素果断切入弯道。如果你不确定答案，可以询问雷克萨斯车队的车手，他们早就有了答案。

你所**要知道**的一切

优秀的文案撰稿人喜欢阅读。他们阅读目所能及的一切，报纸、杂志、小说及历史书籍，他们阅读型录、年报、广告获奖作品集，他们驻足街头阅读片言碎语或涂鸦。有人会阅读广告经典，从罗瑟·瑞夫斯（Rosser Reeves）到大卫·奥格威的作品。此外，还要阅读广告、公关及更多具有说服力的作品——不仅限本书。

有些撰稿人还喜欢记录一些事实或道听途说的事情。广告大师李奥·贝纳办公桌底下的抽屉里有一个名为"俗语集"的文件夹，里面记录了习语或"巧思妙语"。另外还有一个名为"广告锦囊"的文件夹，则收集了超过25年的好作品。广告经理人彼得·阿内尔有几打记事本，他不断往里面添加剪报、名言、草图及笔记。

有些撰稿人不止撰写广告，他们还撰写散文、诗歌及剧本。但是多数文案还是以广告为主，对他们而言，撰写广告文案的合理性、满足感及荣誉度与撰写一部电影剧本或将一首诗发表在《纽约客》及《Puck》上没有什么差别。

阅读一切所看到的，包括涂鸦。

动笔前，了解一切的一切。

建立创意文件包，收集各种想法，即便在当时看来有点蠢。

避免空谈。

坚称在了解所有一切之前决不写任何东西：当我一旦动笔，激情和信心同时爆发，甚至有些疯狂。但在动笔之前，则是辛勤、耐心、规矩做事。
艾德·麦凯布（Ed McCabe），Scali、McCabe、Sloves广告公司创办人，纽约市，引自广告文案圣经《全球32位顶尖广告文案的写作之道》，英国：RotoVision，2000年出版

只需观察即可发现很多。
约吉·贝拉（Yogi Berra），纽约杨基队队员，棒球名人堂捕手，以其语言风格的独创性而闻名。

What to look for in a KMedic Certified Instrument.

On the surface it's difficult to tell one instrument from another. But in fact, many qualities distinguish KMedic Certified Instruments from those of other manufacturers. Our instruments are the product of a working knowledge of the surgeon's art, exacting manufacturing specifications and strict adherence to our Quality Assurance Program. From its origins as an idea, to the crafting of the prototype, to its appearance on a surgical tray, it takes approximately 80 steps to create a KMedic Certified Instrument. Every finished instrument is the result of years of performance monitoring and continual improvements. Which is why we guarantee every KMedic Certified Instrument for life.

At every stage of the manufacturing process superior quality is built into our instruments. Nevertheless before our instruments find themselves in a surgeon's

hand, they are subject to an inspection process that includes:

- Visual inspection against a master sample to assure pattern consistency

- Exacting caliper and micrometer measurements of critical dimensions

- Function tests to ensure adherence to performance standards

- Surface audits to detect imperfections and irregularities

- Corrosion and hardness tests to guarantee functionality and longevity

- Cutting tests to assure jaws will meet the special demands of bone cutting

- Maintenance of product history

K Medic®

The Ruskin Rongeur, shown here, is typical of KMedic craftsmanship. From its perfect symmetry to its glare-diminishing finish, it provides surgeons with the qualities they require to perform at their best. A closer inspection reveals:

Expertly sharpened jaws for accurate cutting

Silk matte hand-finished surface for corrosion resistance

Precise geometric design, precision milling and assembly for proper balance and smooth mechanical action

KMedic number for easy reorder

Manufacturing code to expedite tracing

Correct spring tension and size for optimum control and motion

Ideal handle dimensions for the right heft and feel

KMedic：为什么你应该使用……
细节对特定读者是重要的，对文案内容来说亦然。这篇 KMedic 文案反映了产品品质：如同 KMedic 设备本身一样，文案是纯粹的功能展示。文案焦点集中，也没有多余的资讯。

创意总监/文案　　　　　Robert Sawyer
美术指导/设计师　　　　Dean Alexander
设计　　　　　　　　　Alexander Design Associates
客户　　　　　　　　　KMedic

为什么你应该使用 KMedic 认证的医疗器械？
就表面而言，医疗器具的区别是很难辨认的。事实上，经 KMedic 认证的器械与其它制造商的产品有着很大的品质差异。我们的器具都是外科医生技艺临床应用的产品，依据苛刻的制造标准并严格遵守我们的品质保证程序。从一开始的概念到样品打磨，直至出现在外科手术的托盘上，大约需要经过 80 个步骤来创造一件 KMedic 认证的医疗器械。每一件精巧的工具都是多年不断品质监控与持续改进的结果。这就是我们为何担保每一件 KMedic 认证器械终身的缘由。
每个阶段的制造过程都是我们器械优良品质的保证。因此，在我们的产品出现在外科医生的手上之前，它们必须接受下列程序的检查：
……

今天的消费者对公开叫卖的广告都甚为抵触。

现在的消费者都很精明。

只为特定的消费者而写。

闯进读者的"雷达防护"。

撰稿人为客户而写，为受众而作。但他们几乎没有机会自己选择读者或潜在消费者。客户和产品都已被指定。如果撰稿人在写稿时不考虑客户的目标消费者，其结果是即便文案写得再好，都可能是失败的。

当下消费者比以往更为精明，他们对具有明显操作试图推销那些他们不想要或者不需要的商品的行为极其反感。广告专家乔纳森·邦德（Jonathan Bond）和理查德·克什鲍姆（Richard Kirshenbaum）在他们合著的《在雷达下》（Under the Radar）一书中提到，他们在纽约成立广告公司是为了应对"犬儒主义盛行"。他们所做的广告，例如凯尼斯·科尔牌鞋子（Kenneth Cole）及塔吉特

百货（Target），都基于这样的主张：时下接近消费者唯一有效的方法是走进他们的"雷达防护"。换而言之，让消费者在不设防的情况下，增强他们对品牌的印象好感度。

在人们对销售资讯持抵触态度的当下，文案该如何去写？如何说服他们花一点时间在这些资讯上？你得闯进他们的"雷达防护"。

闯入"雷达防护"必读：
1. 把读者当作有智慧的朋友；
2. 既要晓之以理智，亦须诉之以情感；
3. 与他们进行一场对话；
4. 别用居高临下的口气说话；
5. 不可浪费他们的时间。

先读最好的书，可能你不再有机会阅读它们。

亨利·大卫·梭罗（Henry David Thoreau，1817-1862），美国哲学家，作家及自然主义者，引自《亨利·大卫·梭罗作品集》中的《在康科德与梅里马克河上的一周》（A Week on the Concord and Merrimack Rivers），波士顿：Houghton Mifflin 出版社，1906年出版，第一卷，第98页

Keilhauer：沙发
有时不说或少说更好。Keilhauer的准顾客对沙发线条的兴趣胜过文字，此处展示胜过说明。广告中只有一个单词"沙发"，内涵丰富、极具诱惑。它激发了人的情感，而非思维（同见第58页和第140页）。

文案　　John Pylypczak
美术指导　John Pylypczak, Diti Katona
摄影　　　Karen Levy
代理商　　Concrete Communications Inc., Toronto
客户　　　Keilhauer

沙发
凹
劳顿（Laughton）沙发系列。

了解你的**受众**

我为这个国家中两百人的好印象而写。

乔治·希区柯克（George Hitchcock），引自《DURAK》国际诗歌杂志第一辑，Durak出版社，1978年出版

执行广告时，最好铭记自己是消费者家里那位不请自来的客人，拥有魔法的主人会让你随时消失。

约翰·奥图尔（John O'Toole），《广告的麻烦》（The Trouble with Advertising），宾夕法尼亚州布鲁莫尔市：Chelsea House出版社，1981年出版

没有人会真正去倾听别人，只要你自己试着去感受一下就会明白为什么。

蜜妮安·麦克劳林（Mignon Mclaughlin，1915–），美国记者，引自《第二本精神病患者的笔记》（The Second Neurotic's Notebook），印第安纳波利斯：Bobbs-Merrill出版社，1966年出版

从来就没有"大众心理"这回事，大众是由个体组成，好广告无一例外地是一个人写给另外一个人。如果是写给百万受众，那么将无法打动任何人。

费尔法克斯·科恩（Fairfax Cone），FCB创办人，纽约市，引自约翰·奥图尔著《广告的麻烦》，宾夕法尼亚州布鲁莫尔市：Chelsea House出版社，1981年出版，第48页

27

#02

第二章

文案要素

Of course the last 50 years
have been a blur.
That's the whole point.
The 50th Anniversary Corvette.

Chevrolet and Corvette are registered trademarks and the 50th Anniversary Emblem is a trademark of the GM Corp. ©2002 GM Corp. Buckle up, America! ★ corvette.com

CHEVROLET 50 CORVETTE

雪佛兰·科尔维特：五十周年
有时候一个标题就已足够。"维特"（Vette）
在这里是指速度，即便身陷拥堵的车流或停靠
在行车道上。由此，你不要让读者因为文案而
放缓速度。当你清楚自己身份时，说得愈少，
则别人听到愈多。

创意总监	Jim Gorman, Joe Puhy
文案	Patrick O'Leary
美术指导	Marie Abraham
客户服务	Mike Clayton
制作管理	Kim Warmack
代理商	Campbell-Ewald
客户	General Motors Corp./Chevrolet Motor Division

当然，过去的五十年已经一片模糊。
那正是关键所在。
雪佛兰五十周年纪念。

标题写作

标题或许不是人们在广告中关注到的第一元素——图片才有这个荣幸，但它是人们最先读到的文字。因此，标题如果不能引起读者的注意，或更为严重的是读者对它兴趣索然，那么这个广告注定是失败的。

好标题决不随意。

好标题在读者翻阅杂志、报章，漫步街头或打开邮件时能吸引住他们的眼球。更重要的是，标题的目的在于让读者花时间来阅读广告。他们或许会为视觉的美轮美奂、印象深刻，或振奋人心所吸引，但是标题担任了广告的现实元素，并为即将展开的内容铺陈。

标题的基调和风格必须能反应产品或品牌的价值和定位。除了使用反讽或推测这种极少数情况外，语言必须反映产品的使用和特色。如果你要玩双关语或其它文字游戏，必须找出恰当的理由。假如标志下面的标语是"开车吧"，

而标题"找个小角落停车吧"则在各种可能的情况下保持了其延续性。

你可能已经了解到一些关于意识与感知的奇妙真相。比如，在聚会上，近在咫尺的谈话会被淹没在嘈杂的背景声音之下，但如果有人提起你的大名或讲到你所关注的事情，你就会注意得到。换而言之，只要说对的，无需高声。

一个好标题应该达成：
1. 引人注目；
2. 足以令读者驻足一探究竟；
3. 提供一个承诺、邀请，或者重大新闻；
4. 让读者相信他们值得花时间去了解更多产品讯息。

一个有效的标题会吸引读者。

标题用语要反映出产品特质。

单一标题即可达成目标，无须内文。

好标题会引导读者继续深入阅读。

我认为，如果我说上成千上万次"我是最棒的"，全世界也会跟着相信这是事实。

穆罕默德·阿里（Muhammad Ali），前重量级拳击冠军，公认二十世纪最伟大的斗士，全球最受称赞与钦佩的人士之一。

先锋集团：如果今天花光了钱……

该标题取得了非同凡响的效果，它只用了一个简单而巧妙的手法却指出一个残酷的事实。它以乐观而非痛苦的态度展示给读者。标题使人们相信他们的担忧是有办法可以解决的，即便不通读内文也可以感受到这一点。

文案	K. Wieden
美术指导	P Jervis
美术制作	J. Thomas
印刷制作	R. Krieger
客户经理	T. Farnesi
代理商	Young & Rubicam NY
客户	Vanguard Group

资料来源：先锋集团（The Vanguard Group）授权

如果今天花光了钱，明天我们该怎么办？
对投资人而言，退休的日子始终是一个模糊的感觉。然而这笔能够产生作用的钱可能早就包含了其费用，并已经记在你的管理基金账上。
……

苏格兰皇家银行：少说

这个标题说明直截了当也能引人共鸣。它提出了一个简单的主张，然后展开攻势。假如你只读出标题这两个字，就会觉得银行要开始着手处理业务了。

执行创意总监/文案	Simon Dicketts
美术指导	Fergus Flemming
排版设计	Rob Wilson, Simon Warden
摄影	Andy Green
代理商	M&C Saatchi
客户	Royal Bank of Scotland

少说。
世上总是说的人多做的人少。我们的信誉源自付诸行动。

如果标题无法引人入胜，内文讲什么都无济于事。
莱昂内尔·亨特（Lionel Hunt），引自广告文案圣经《全球32位顶尖广告文案的写作之道》，英国：RotoVision，2000年出版

凝神谛听标题。
吉姆·德菲（Jim Durfee），引自广告文案圣经《全球32位顶尖广告文案的写作之道》，英国：RotoVision，2000年出版

平均计算，读标题的人比读正文多出五倍。
大卫·奥格威，引自《一个广告人的自白》（*Confessions of an Advertising Man*），纽约：Ballantine Books，1971年出版，第92页

正文写作

今天广告中文案的比重不再似昔日。

查看上世纪八十年代至九十年代初期广告获奖作品集，你会发现许多广告都有着大篇幅的文字。那时的撰稿人认为事实讯息会影响消费者的购买决定。假如你翻阅现在的获奖作品集或年鉴，多数的广告只有少许文字，甚至没有文字。这表明现今人们在作购买决定时甚少受事实影响，抑或是其它因素取代了事实的影响力。文字愈来愈少意味着文化的变迁还是短暂的现象？事实是，虽然获奖作品创意十足，但与文案撰稿人每天所面对的问题几乎没有什么关系。

有些产品与服务需要解释，相反地，有些品牌则不言自明。从当今广告界的全部作品中所获得最具宝贵的经验──语境便是一切。

虽然苹果电脑只凭借两个单词"Think Different"（非同凡想）取得成功，不要以为这两个字会魔法般地自动出现在苹果的广告上。在任何创意形成之前，必须事先构思一个叙述技巧或创造一个背景。所以，即便是你没有读到或听到一个字，每个成功广告活动背后都隐藏着道不尽的千言万语。就另一方面而言，如果想要吊足读者的胃口去阅读广告正文，那么，你得坐下来，竭尽所能写出一个足够简单、明了的标题。

When inspiration strikes so should you.

It's a laptop. It's a simple pad and pen. It's a Tablet PC.

When inspiration strikes, will you be ready? The Tablet PC puts the full power of Windows® XP Professional in a laptop computer that's as simple to use as a pad and pen. You write, draw, scribble, and erase directly on the screen. Your ideas get jotted down or sketched out, then made into more, wherever and whenever. Plus it runs all of your favorite Windows XP compatible applications. So whether you're in your office or in a cab—the PC is more mobile, versatile, and powerful than ever before. For more information, visit microsoft.com/tabletpc

没有所谓的长文案，只有太长的文案。如果写得不对，两个字也太长。

吉姆·德菲，引自广告文案圣经《全球32位顶尖广告文案的写作之道》，英国：RotoVision，2000年出版

我听到关于文案最荒谬的是：人们不读文案。人们都读文案。

理查德·克什鲍姆，纽约Kir-shenbaum Bond & Partners 广告公司合伙人告诉本书作者

微软Windows XP平板电脑版本："手"篇
该跨页广告处处皆具可读性。广告中的手或许为非正常的表现，但谁没有在手上记过东西呢？哪怕只是电话号码。标题很不起眼，甚至可能被忽视。正文叙述紧凑，几乎难以察觉。屏幕会引起你阅读的兴趣，图片中的手会引人会心微笑，但平板电脑才是主角，两者结合起来则是完美的故事。

执行创意总监 / 文案　　　　Dante Lombardi
执行创意总监 / 美术指导　　　Walt Connelly
摄影　　　　　　　　　　　　Geof Kern
代理商　　　　　　　　　　　McCann-Erickson SF
客户　　　　　　　　　　　　Microsoft (Contact Pete Ryan)

当灵感出击时，你也应该是。
它是平板电脑。它是一本简单的便签本和笔。它是平板个人电脑。
当灵感出击时，你准备好了吗？该平板个人电脑安装有完整的笔记本电脑Windows XP专业版，用起来如同便签本和笔一样便捷。可以直接在屏幕上写字、绘图、涂鸦，以及随意擦去。你可以随时随地将想法记下或勾勒出来，然后慢慢加以完善，还可以外接所有你想要的Windows XP兼容的装备。不论你身处办公室或出租车，它比以往任何个人电脑更便捷、更多功能以及更强大。

Ameritrade：你是一位活跃的交易员……

假如你有很多话要说，最好将其打碎以便消化。分段编号，你可以达成三件事情：第一，文案分散在两个页面上比堆积在一页上更令人易于接受；第二，方便读者选择阅读自己感兴趣的任一段；第三，这种结构可能吸引那些同样喜欢数字的目标受众。

创意总监　Andy Berndt, Bill Oberlander
客户管理　Tina Cohoe, Michael Kelly
代理商　Ogilvy & Mather
客户　Ameritrade

你是一位活跃的交易员，毫秒之内完成交易，可否给我一分钟时间？

先说重点。

所有的在线经纪人不尽相同。有的提供咨询，有的提供金融业务，有的则两者兼具。我们不同，只从事交易。如果你对交易极具兴趣，那么这对你而言是个好消息。

Ameritrade和Datek的合并让我们成为全国最大的在线经纪公司，经手的在线交易量超过任何一个同行。我们集中工具、信息、购买力与售后支持的优势使交易员可以快速、熟练并准确地作出判断。

不论你从哪一方面考量——专业顾问、在线工具、核心价值，都值得将你的交易委托给Admeritrade。

这就是原因。

……

交互式媒体文案撰写

网路媒体的出现是否会改变文案写作规则？可能会，也可能不会。即便会改变，也不可能如某些人所声称的那么多。R/GA广告公司主席兼CEO罗伯特·格林伯格说："文案不是文字，它是思想和观念，我们所创作的视觉概念都是以文字为基础的。"他还认为，虽然我们现在有很多沟通渠道，但是人们仍然需要一种倾谈的方式。

好正文要具备：
1. 只说重点；
2. 径直对潜在客户说话；
3. 使用尽可能少的文字；
4. 诚实简单；
5. 紧跟策略；
6. 关心推广的产品或服务；
7. 高度关注潜在客户；
8. 不说废话。

有些产品与服务需要解释，有的则不言自明。

苹果仅使用两个单词"Think Different"（非同凡想）。

标题激发兴趣，正文达成销售。

简单明了是关键。

Mini：让一切看起来都有点儿大

这是则环境广告。广告牌让人会心一笑，文案则是灵魂。文案的趣味源自其视觉环境。这条简单的广告语分为两行，足以传递所要传递的信息。

创意总监	Alex Bogusky
助理创意总监	Andrew Keller
美术指导	Mark Taylor
文案	Ari Merkin
摄影	Daniel Hartz
代理商	Crispin Porter + Bogusky
	(创意部协调员 Veronica Padilla)
客户	Mini

你必须把产品变得有趣，而不只是让广告看起来与众不同。

罗瑟·瑞夫斯（Rosser Reeves），引自丹尼斯·海金斯（Denis Higgins）著《广告写作的艺术》（*The Art of Writing Advertising: Conversations with Masters of the Craft*），伊利诺伊州林肯伍德：NTC商业图书，1990年出版，第125页

寻找能够把客户居处的狭小、藩篱处处的世界与人们真正关心的广大、阳光普照的世界联系起来的方法。止汗剂的重点不是保持干爽，而是受人喜爱；汽车的重点不在运输；食品不于在可以让你果腹；饮料也不在于止渴，凡此种种。

史蒂夫·海登，引自广告文案圣经《全球32位顶尖广告文案的写作之道》，英国：RotoVision，2000年出版

Martha Stewart Signature：真实展现自我

新产品线发布对知名公司而言是一次建立与增强品牌的机会。文案可以提醒消费者，那些已经使用该品牌的拥趸何以继续光顾。这是一个向消费者作出大承诺的机会，他们正引颈期盼。所以，为何不在提供资讯的同时捎上你的热情？ 文案的热情会换来准顾客们实质性回报。

文案	Laurie Niehoff
文案总监	Charlotte Barnard
美术指导	Susanna Ko
副创意总监	An Diels
创意总监	Gail Towey
代理商	Created by an inhouse design team at Martha Stewart
客户	Martha Stewart Living Omnimedia

真实展现自我

布置一个如你所愿、风格独特的家，*Martha Stewart Signature* 轻松办到。从织物、地板、油漆到新增的家具，所有完美的搭配都包含在一个简单的设计系统中。*房间之间。地板与天花板的搭配。漂亮、简单，超乎想象的经济实惠。*

Our new one-person 401(k) works hard for your company's most important employee.

You.

There's a retirement plan that's right for you.

Prudential Financial offers a wide choice of retirement plans for self-employed individuals and small businesses, including the SEP, SIMPLE, or Keogh plan—and the one-person 401(k). Prudential can help you find out which plan is tailor-made for your particular business and your retirement goals.

You're an independent-minded entrepreneur, and you know the best way to run your own business. That's why you're the sole proprietor. But are you certain you've chosen the best way to fund your retirement? Prudential's new one-person 401(k) could be the perfect solution.

Contribute up to $40,000 annually, tax-deferred.
The one-person 401(k) allows a small-business owner (who has no employees) and a spouse to contribute as both owner and employee. So you're able to go beyond the maximum employee contribution of $12,000 and add up to $28,000 more as an owner.

A one-person 401(k) gives you flexibility.
Contributions are completely at your discretion— you can make higher contributions in good years and lower ones in off years. You can borrow against the plan without any tax penalty.

Advantages of Prudential's new one-person 401(k)
- Contribute up to $40,000 of income, tax-deferred, in 2003
- Contributions are discretionary
- Low costs keep more of your money growing
- Consolidate other retirement plans
- Take out loans without penalty and control repayment terms
- Choose from Prudential's comprehensive roster including stocks, bonds and mutual funds

Keep more of your money growing, tax-deferred.
Because administrative requirements of the one-person 401(k) are greatly simplified, the cost of maintaining the plan can be significantly less. So the money you would have spent on maintenance fees is still yours.

Use the one-person 401(k)'s rollover possibilities.
You are allowed to roll over other qualified retirement plans and IRAs into a single one-person 401(k), making it that much easier to keep track of your assets.

Call today to learn how you can boost your retirement savings.
Ask for free information on one-person 401(k)s and other retirement plans that can help ensure your future.

1-800-THE-ROCK
ext. 3432　prudential.com

Prudential Financial
Growing and Protecting Your Wealth®

保德信金融：我们单人401(k)*为阁下及贵公司……
条理分明是解决复杂问题的最好方法。客人不会急着给你掏腰包，所以这则广告也并不着急。循序渐进，一步跟着一步，先讨论问题，再提出解决方案。语调恰当，带有一定程度的紧迫感。总而言之，它很真诚。几乎没有什么比真诚更具说服力。

文案　　　Colin McConnell
设计　　　Bob Gary
客户　　　Prudential Financial

我们单人401(k)为阁下及贵公司重要雇员全力以赴。
你是一位见解独到的企业主，深谙自己企业的最佳经营之道，这是你之所以独资经营的原因。但是你确定选择了最佳的方式投资你的退休金？保德信新单人401(k)退休金可以完美解决这个问题。
……

（译注：401(k)是美国雇主为雇员从其薪资中提拨而设立的退休金账户。）

广告是批量推销术，如果可以面对面和每一位潜在顾客沟通，没有人愿意动用广告。事实是不可能的。

莫里斯·海特（Morris Hite），引自拉斯·佩特（Russ Pate）著《广告人：莫里斯·海特在广告战中的取胜方法》（*Adman: Morris Hite's Methods for Winning the Ad Game*），德州达拉斯：E-Heart 出版社，1988年出版，第203页

一些知名标语

下列公司及标语为随意选择。（字母大小写或标点符号可能有出入）

你可以从以下角度来思考：
1. 不考虑结合广告的正文内容，独立分析标语。
2. 扪心自问："广告标语是否契合品牌名称与创意概念？"
3. 牢记：标语是企业反复使用的广告语。下列标语是否能代表公司精髓？

埃森哲（Accenture）	创新成就未来。（Innovation Delivered.）
美国国际集团（AIG）	我们懂得金钱。（We Know Money.）
美洲世纪投资公司（American Century）	投资经理人。（Investment Managers.）
美国运通公司（American Express）	让生活更精彩。（Make Life Rewarding.SM）
自动薪酬公司（ADP）	我们的工作就是支持你们的工作。（We're the Business Behind Business.SM）
阿斯顿·马丁（Aston Martin）	力、美、魂。（Power, Beauty and Soul.）
别克汽车（Buick）	美式精神。（The Spirit of American Style.）
卡拉威高尔夫（Callaway Golf）	享受高尔夫的乐趣。（Enjoy the Game.™）
佳能（Canon）	专业技能。（Know How™）
克莱斯勒（Chrysler）	驱动——爱。（Drive & Love.）
信诺保险（Cigna）	关爱您是我们的责任。（A Business of Caring.）
思科系统（Cisco Systems）	这是网路的力量，从现在开始。（This Is the Power of the Network. Now.）
戴姆勒·克莱斯勒（DaimlerChrysler）	给你想要的答案。（Answers for Questions to Come.）
艾默生（Emerson）	创想未来。（Consider It Solved.™）
旅游搜索网（Expedia.com）	要旅游，更要去对地方。（Don't Just Travel. Travel Right.™）
福克斯新闻电视网（Fox News TV network）	我报道，你决定。（We Report. You Decide.™）
通用电气（GE）	梦想启动未来。（Imagination at Work.）
HBO电视台（HBOTV）	这不是电视，是HBO。（It's not TV. It's HBO.）
惠普（Hewlett Packard）	惠普创造。（HP Invent.）
IBM笔记本电脑（IBM ThinkPad®）	全球最具创新精神人士的选择。（Where the World's Most Innovative People Choose to Think.）
艾康办公（Ikon）	提供你工作中的文件处理效率。（Document Efficiency at Work.SM）
英菲尼迪（Infiniti）	引领未来。（Accelerating the Future®）
捷豹（Jaguar）	生为演绎。（Born to Perform）
Key金融信托（Key Bank and Trust）	成就一切。（Achieve Anything）
雷克萨斯（Lexus）	矢志不渝，追求完美。（The Passionate Pursuit of Perfection）
利宝保险（Liberty Mutual）	不仅仅是保险，更在于行动。（It's More than Insurance. It's Insurance in Action.）
麦克纽杜雪茄（Macanudo）	美式激情。（An American Passion）
微软（Microsoft）	挖掘你的潜能，释放我们的激情。（Your Potential. Our Passion.）
摩根士丹利（Morgan Stanley）	一次只服务一个客户。（One Client at a Time）
耐特杰（NetJet®）	一切取决于飞机。（Everything Else Is Just a Plane.SM）
纽约人寿（New York Life Insurance）	与你相依相伴。（The Company You Keep®）
耐克（Nike）	想做就做。（Just Do It）
安吉星道路救援（OnStar）	一直都在，随时待命。（Always There. Always Ready.）
辉瑞制药（Pfizer）	生命是我们一生的工作。（Life Is Our Life's Work®）
凤凰投资（Phoenix）	财富管理。（Wealth Management®）
电力天然气公司（PSEG）	让你无后顾之忧。（We Make Things Work for You.）
豪雅手表（TAG Heuer）	这就是我，你呢？（What Are You Made of?）
唐龙表行（Tourneau）	始于1900。（Since 1900.）
UPS快递（UPS）	棕色能为你做什么？（What Can Brown Do for You?SM）
自然保护协会（The Nature Conservancy）	拯救地球上最后的胜地。（Saving the Last Great Places on Earth.）
先锋投资（The Vanguard Investment Group）	以我们自己的投资方式。（In Our Way of Investing™）
时代周刊（Time magazine）	邀你加入对话。（Join the Conversation）
威瑞信认证（VeriSign）	信任的价值。（The Value of Trust.SM）
施乐（Xerox）	文件管理专家。（The Document Company®）
雅虎（Yahoo!）	今天你Yahoo了吗!？（Do You Yahoo!?）

与读者交谈，不要叫嚷，他听得见，尤其当你的话有道理时。

蒂姆·赖利（Tim Riley），引自广告文案圣经《全球32位顶尖广告文案的写作之道》，英国：RotoVision，2000年出版

广告标语

今天还在，明日消失。

有些公司认为标语很重要，有些则不以为然。

标语经常与文法及句法规则相悖。

在广告中，标语、口号及企业格言都可以互换使用。

通常标语放在广告的底端，品牌商标或企业标志的下面或右边。最近，标语被应用在标题、正文以及一些与名称相关的地方。有些公司认为标语是多余的，有的则认为是公司识别系统的重要部分，如同商标、服务标识，甚至于登记注册。有时企业会将标语大肆宣传，有时则将其悄然置于广告之中。

标题是脆弱的，其寿命并不特别长。商业环境的变迁、雇用新的代理商、任命一位新的营销总监、实施新的战略等，任何一项变化都可能换掉原来的标语。标语由品牌代理商推广，公司雇员所产生，文案撰稿人所撰写。

标语是奇妙的文案形式，不遵循明确的语法及句法规则，它们往往是最异乎寻常的广告元素。

标语的形式可以是：
1. 全部使用大写字母。
2. 整句子只有首字母为大写。
3. 句子的一小段。
4. 只有在使用句号、问号或感叹号这样少数情况下，才会遵循标准语法结构。

标语具有以下功能：
1. 完善品牌故事，如幽默文学里的点睛之笔；
2. 增加一种情感因素，以加强与消费者之间的联系；
3. 品牌不可置疑的佐证；
4. 提炼品牌精髓，消除歧义或质疑；
5. 重申品牌承诺；
6. 促进交易。

好标语应该具备：
1. 通俗易懂；
2. 使用尽量少的文字；
3. 明确的特定受众对象；
4. 讨人喜欢；
5. 印在T恤或横幅上看起来和精心制作的广告上一样协调、动人。

标语传达一家企业或产品的要点与核心。

在开始为"终生电视网"（名称没有明确意义）写标语时，文案用了"女士们在看"以表示这个节目为女性观众播放。这个简单的陈述句清楚地说明了三个重要部分，即广告客户、有线电视运营商及女性（也是这个新生电视网所赖以生存的受众）。同时，同一位撰稿人对"科幻电视网"（此名称再显然不过了）写下

了"欢迎来到前沿地带"的定位标语。这个标语玩了一个双关语游戏，既指出电视网独特的观点和态度，也标示了科幻节目这一客观事实。当新总裁到"终生电视网"上任时将广告标语撤换掉。"科幻电视网"雇用了新代理商，原来的广告标语没有被保留多久，他们就写了新的一句。如此这般的一连串的事件在广告行业并不意外。

广告标语的力量最明显莫过于跳脱纸面，成为人们茶余谈资。如耐克的"想做就做"，苹果的"非同凡想"，已获得几近圣经般的魔力。

没有对话这种事，只有交叉独白。

利比卡·威斯特（Rebecca West），引自罗伯特·菲茨亨利利编《哈珀名言集》，纽约：Harper Perennnial出版社，1993年第三版

关于开车，人人都会写些"驾驶者所需"、"驾驭激情"之类的标语。**CP+B**广告公司（**Crispin Porter + Bogusky**）却想到了"车随我动"（**Motoring**）这样的创意，立即让我们觉得十分贴切。同样，我们很喜欢"开车吧"这一标语，它为品牌的未来方向打下了良好的基础。它是"车随我动"所代表整个理念的一部分，同时也包含了"开车吧"这一事实，而包容性一直是**Mini**品牌突出的一个特点。

凯瑞·马丁（Kerri Martin），Mini Cooper营销经理，引自The One Club的《One》杂志，第六卷，第2期，2002年秋季出版

#03

亲吻销售

第三章

文案写作

JEEP GRAND CHEROKEE OVERLAND
Redwood Burl trim | Sunroof | 10-disc CD changer | The most refined Jeep 4x4 | jeep.com/mag

ONLY IN A
Jeep.

NEVER CONFUSE YOUR NET WORTH
WITH YOUR SELF WORTH.

Jeep is a registered trademark of DaimlerChrysler Corporation.

吉普：不要将你的资本价值与自我价值混淆
假如你可以用三言两语说清楚你想说的，那就
说吧。让我们领略一下这则以森林里的一个人
和一只狗为特写的广告作品有多棒。这一背景
之下，任何低于海明威式简洁度的文字表述都
将是一个错误。一个好方法就是将标题与细节
分开，这样将确保这个经过深思熟虑所写下的
标题不会受到细节的干扰。

文案　　　David Shih
美术指导　Paul Szary
摄影　　　David Stoecklien
代理商　　BBDO Detroit
客户　　　Jeep

信仰文字

达成功效是好文案的核心。

好文案和好写作不一定是一码事。文案有一个明确的目的，那就是销售产品或服务。

文案撰稿人趋向于犯同样的错误，就是对文字心存信仰。他们相信文字可以引起读者的关注，或者更确切地说，可以促使读者乖乖地埋单。文案撰稿人，作为一个群体都心存一个众人皆知的愿望，那就是希望文字可以成为传播中的一个具有神奇魔力的要素。这个希望就是常常令撰稿人想当然地认为只要消费者去阅读他们所撰写的文案，就会信任他们，并按照广告信息付诸行动。

广告文案的目的就是销售特定产品或服务，好文案的核心就是达成该项工作——销售产品、服务或者理念。忽视销售的撰稿人永远不会成为一名成功的文案撰稿人，无论怎么写，他始终不可能写出一则有效的广告。

好文案要具备：
1. 集中读者的注意力；
2. 传播理念；
3. 说服读者相信其理念是中肯的；
4. 给读者留下正面的品牌印象；
5. 激发具体的行动。

写好文案的十个要点：
1. 专注于手头的工作；
2. 了解受众；
3. 力求简洁；
4. 要诚实；
5. 充满激情；
6. 了解趋势；
7. 以对话、简要、风趣的语调写作；
8. 站在倡导者的立场；
9. 观点乐观；
10. 丢弃效果欠佳的"绝好创意"。

信仰：是对承诺的信守；是对目的的真诚；是对某种无法被证实的、你所特别确信的东西的坚定信念。

忽视销售力的广告注定是失败的广告。

如果文案撰稿人本身不够积极或缺乏激情，读者亦然。

知道如何保留或丢弃你的初稿。

谁开谁的玩笑？巨人与巨无霸有什么差别？夸脱和整夸脱有什么区别？两盎司和大两盎司有什么不同？超长究竟是什么意思？什么是高达24英寸？

玛耶·曼内斯（Marya Mannes，1904–1964），引自斯蒂夫·多纳迪奥（Stephen Donadio）著《纽约公共图书馆：二十世纪美国名言》(*The New York Public Library: Book of Twentieth-Century American Quotations*)，纽约：Stonesong出版社，1992年出版

如果你相信事实胜于雄辩，你最好是学会写明细，如何教它读起来不像明细。

大卫·埃伯特（David Abbott），引自广告文案圣经《全球32位顶尖广告文案的写作之道》，英国：RotoVision，2000年出版

即便无人阅读，长文案自有用处。

肯·西格尔（Ken Segall），Euro RSCG Worldwide合伙人兼Intel全球执行创意总监告诉本书作者

There are so many reasons to own a Bose® Lifestyle® DVD system. And we've just added a new one.

Introducing the breakthrough ADAPTiQ™ audio calibration system.

Customizes sound to your room, so your Lifestyle® DVD system will sound best where it matters most. And it's only from Bose.

No two rooms sound exactly the same. Where you place your speakers, room size and shape, reflective and absorption qualities...even whether a room has rugs or hardwood floors can affect sound. And until now, there wasn't a simple way for home theater systems to account for these variables. Introducing the new ADAPTiQ audio calibration system, now available in Lifestyle® 35 and 28 DVD home entertainment systems. It listens to the sound in your particular room and automatically adjusts your Lifestyle® system to sound its best. So now, no matter what your room's acoustics, you'll enjoy action-packed movies and lifelike music delivered by a system performing to its fullest potential. ■ The ADAPTiQ system is just one reason you'll enjoy our Lifestyle® systems. Some others: An elegant media center with built-in DVD/CD player. Barely noticeable cube speakers. An Acoustimass® module that produces rich impactful bass. And an advanced universal remote that controls your system – even from another room. Bose Lifestyle® home entertainment systems. Now with the ADAPTiQ system, the height of our technology just got higher.

For a FREE information kit, or names of dealers and Bose stores near you call:
1.800.ASK.BOSE ext.E88   ask.bose.com/we88

*Lifestyle® 35 DVD
home entertainment system*

Better sound through research®

信念是一种激情与热情。它是智慧博大的先决条件，所以我们必须固守珍惜，不要将我们的人生浪费在毫无价值的空话、吹毛求疵与固执己见的争论中。

乔治·桑（George Sand，1804–1876），法国小说家，引自1866年5月25日的一封信，译自《书信集》（*Correspondence*），巴黎：Calmann Lévy，1883年出版，第四卷（共八卷）

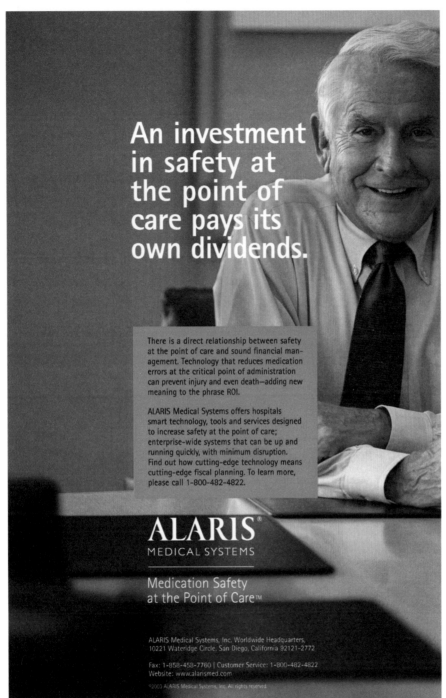

Alaris：一项对现场护理安全的即效投资

有时，你可能会被要求用不同的广告向不同的受众兜售相同的产品。这种情况之下，不必尝试寻找他们的共同点，宁可将不同对象的广告关注点聚焦于他们各自最重要的体验上。永远讲切实的话题。比如，当听众是经营者时，就要讲产品帮助省钱之类；当读者是护士时，则要表明产品的治疗功能。

创意总监／美术指导　　Dean Alexander
创意总监／文案　　　　Robert Sawyer
设计管理　　　　　　　Paul Rodriguez
设计公司　　　　　　　Alexander Design Associates Inc.
客户总监　　　　　　　Peter Nolan, Dana
　　　　　　　　　　　Weissfield, Audrey Ronis-Tobin
品牌营销专家　　　　　Trudi Bresner
代理商　　　　　　　　T. Bresner Associates
客户　　　　　　　　　Alaris Medical

一项对现场护理安全的即效投资。
现场护理安全和健全的财务管理之间有着直接的关系。从管理角度出发，技术改进有助于降低用药疏失，从而防止损伤甚至死亡，这为"投资回报率"（ROI）一词增添了新的意义。
Alaris医疗系统为医院提供独家设计的智能技术、器械和服务，以此来提高现场护理的安全性；可升级的企业联网系统，运行快速并最大程度地减少给你带来的不便。发现尖端技术意味着最高效的财务管理。

如果你已经放弃过一个信念，切勿继续放弃乃至所有的信念。总有些东西取代我们所失去的信念，或许它们是同样的信念，只是戴着不同的面具。

格雷厄姆·格林（Graham Greene，1904—1991），英国小说家，引自《喜剧演员》（*The Comedians*）中的马吉欧医生（Dr Magiot），纽约：Viking 出版社，1966年出版，第二部，第四章，第四节

表达我们的信心与虔诚的词语是不确切的，它们只适用于生性卓著的人们，如同乳香般芬芳四溢。

亨利·大卫·梭罗，美国哲学家、作家、自然主义者，引自《亨利·大卫·梭罗作品集》中的《瓦尔登湖》（*Walden*）（1854），波士顿：Houghton Mifflin，1906年出版，第二卷，第357页

教育，**再教育**

广告是一种未来式的手段。

文才是不够的，有时甚至不名一文。

快速由信息转化为销售。

甚少有人承认从广告中获得思想。

启迪读者，教育读者，对那些花费时间在你身上的读者予以回报。

文案写作往往需要对受众进行教育或再教育。你无法确定人们是否明白你所要告知他们的事情或者他们可能最终记得你说过什么——即最终广告结果。

每一条新提供的讯息必须带给受众新鲜的东西。广告提供给你一个与新顾客讲话的机会。或者，至少提供了一个与老顾客讲话的新方式。这是因为广告存在于一种未来时态下——文案撰稿人终生无法逃避的事实。即便世上最具说服力的广告亦无法令消费者坐听立行，能做的或许只是加速消费者的决策过程。所以，作为撰稿人如果可以缩短从讯息转变为销售的过程，那么算是出色地完成了工作。

如何教导消费者一些事物？
1. 了解消费者的一切；
2. 准备好教案；
3. 让课程精彩、富有新意并切题；
4. 对他们的关注予以奖赏。

I AM A
SOYBE
I CAN BUILD YOUR NI
RECYCLED NEWSPRIN
CONSTRUCTION MAT
I HAVE THE PHYSICAL
POWER TO MAKE A L
A SOYBEAN.

从报纸上的广告所了解到的关于这个国家或社会事务知识要比社论专栏全面得多。

亨利·沃德·比奇（Henry Ward Beecher），引自罗达·托马斯·特里普（Rhoda Thomas Tripp）编著《国际名人语录分类汇编》（*The International Thesaurus of Quotations*），纽约：Thomas Y. Crowell公司，1970年出版，第18页

传递真正的热情，我认为这很重要。如果你的读者觉得你对这个产品一点也不兴奋，很可能他也会这么觉得。

苏西·亨利（Susie Henry），引自广告文案圣经《全球32位顶尖广告文案的写作之道》，英国：RotoVision，2000年出版

CAN BE MIXED WITH

AN ECO-FRIENDLY

THE POWER TO BE STRONG.

OF WOOD. I HAVE THE

TABLE. I AM MORE THAN

I AM A NETWORK.

I CAN BUILD INDUSTRIES FROM A BEAN. I CAN GIVE REAL-TIME INVENTORY UPDATES TO RETAILERS, MANUFACTURERS AND FARMERS SO NO BEAN IS WASTED. I CAN GUARD SOY SECRETS FROM ECO-FRIENDLY YET RUTHLESS COMPETITORS. I CAN USE THE POWER OF CONVERGED DATA, VOICE AND VIDEO TO TEACH A GLOBAL SALES FORCE ABOUT THIS VERSATILE LEGUME. I AM MORE THAN A NETWORK.

CISCO SYSTEMS

THIS IS THE POWER OF THE NETWORK. now.

cisco.com/powernow

思科系统：我是大豆／我是网络
大豆会说话吗？关网络什么事？当你希望人们重新审视自己的臆断时，从一个出乎意料的角度去触及这个问题是个不错的主意。绝少有人愿意承认他们的想法来自于广告，但这并不会成为我们不再向消费者提供新思想的借口。商人们用比喻交谈？当然，这是他们千百年来的传统。

我是大豆。
我可以建造你的下一所房子。我可以混合回收报纸制成一种生态建筑材料。我有让人保持精力旺盛的能量。我有木材的物理性质。我有能力制作一张可爱的咖啡桌。我不只是一颗大豆。
我是网络。
我能从一颗豆子建立产业。我可以给零售商、加工商、农民实时更新库存，不会造成豆子浪费。我可以守护大豆的秘密，在生态尚未残酷竞争之时。我具有汇聚数据、声音与影像的能力，把这种多功能大豆送到全球销售人员面前。

创意总监　Dan Burrier, Gavin Milner
文案　Steve P. Williams
美术指导　Justin Hooper
摄影　Christian Stohl
制作　Leslie D'Acri
代理商　Ogilvy & Mather
客户　Cisco Systems

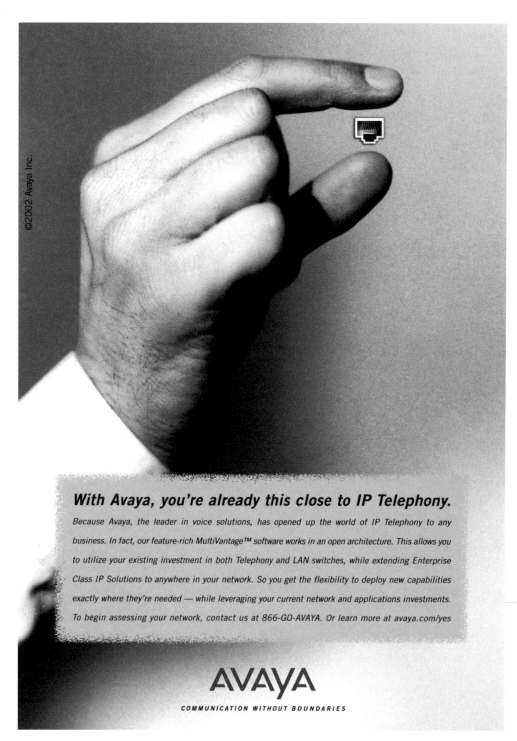

©2002 Avaya Inc.

With Avaya, you're already this close to IP Telephony.

Because Avaya, the leader in voice solutions, has opened up the world of IP Telephony to any

business. In fact, our feature-rich MultiVantage™ software works in an open architecture. This allows you

to utilize your existing investment in both Telephony and LAN switches, while extending Enterprise

Class IP Solutions to anywhere in your network. So you get the flexibility to deploy new capabilities

exactly where they're needed — while leveraging your current network and applications investments.

To begin assessing your network, contact us at 866-GO-AVAYA. Or learn more at avaya.com/yes

AVAYA
COMMUNICATION WITHOUT BOUNDARIES

Avaya：有了Avaya，你与IP电话这般接近
使用一个突出的推介式标题，让广告效果立
刻彰显。它似乎知道读者究竟想要什么。先
主张后解释，语调的感觉更像是在说话而不
是阅读。以承诺开头，一气呵成，不留喘气
的余地，也没给提问的空间。说完该说的就
结束，一切自然而然。

有了Avaya，你与IP电话这般接近。
Avaya作为语音解决方案的领先者，让IP电话驰名世界各行各
业。事实上，我们多功能的MultiVantage™软件在开放式建筑
中也能运作良好。这将为你最大化在电话和局域网络交换器
领域的现有投资，拥有现存企业级别的IP解决方案，遍布你
局域网的每一个角落。以此，你可以根据需求，随心所欲地
开拓新性能，在现有局域网和应用投资中取得平衡。

创意总监 / 美术指导	Jon Miwa
文案	Susan Mercy
摄影	Daniel Proctor
修图	Creative Management
代理商	FCB/SF
客户	Avaya

**教育根本不是一门学科，而是一半为就业准备，一
半借助于哲学、心理学、文学而乔装打扮的空洞。**

爱德华·布利什（Edward Blishen，1920–1996），英国作家，引自《驴活
儿》（*Donkey Work*），伦敦：Hamish Hamilton，1983年出版，第三部
分，第六章

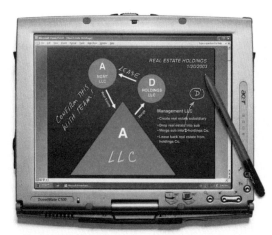

During lunch, in the park, a brainstorm.
It's a laptop. It's a simple pad and pen. It's a Tablet PC.

A great idea may not wait until you get back to the office, back to your desk. The Tablet PC puts the full power of Windows® XP Professional in a laptop computer that with a flip of the screen becomes as simple to use as a pad and pen. You write, draw, scribble, and erase directly on the screen. Plus it runs all of your favorite Windows XP compatible applications. So whether you're in your office or in a cab—the PC is more mobile, versatile, and powerful than ever before. For more information, visit microsoft.com/tabletpc

微软Windows XP系统平板电脑版："泥土"篇
新产品不如新办法有趣。这则广告的标题的第一句创造了一场所有创意人——从商人到诗人都熟悉的小型戏剧场面。第二句则描述了产品的利益点，同时带给人们一条无法回避的讯息：买下这款产品，你将不再丢失创意灵感。此处的标题达成销售，正文则传递细节。

执行创意总监 / 文案　　　　　Dante Lombardi
执行创意总监 / 美术指导　　　Walt Connelly
摄影　　　　　　　　　　　　Geof Kern
代理商　　　　　　　　　　　McCann-Erickson SF
客户　　　　　　　　　　　　Microsoft (Contact Pete Ryan)

午餐时间，在公园，一场头脑风暴。
它是平板电脑。它是一本简单的便签本和笔。它是平板个人电脑。
一个伟大的创意或许等不及回到办公室，回到办公桌前。平板个人电脑安装有完整的笔记本电脑Windows XP Professional系统，用起来如同便签本和笔一样简便。可以直接在屏幕上写字、绘图、涂鸦，以及随意擦去。你可以随时随地将想法记下或勾勒出来，然后慢慢加以完善。还可以外接所有你想要的Windows XP兼容的装备。不论你身处办公室或出租车，它比以往任何个人电脑更便捷、更多功能、更强大。

你对产品的描述都对，也没有人愿意聆听。你必须用能触及人们灵魂深处知觉的方式去讲述。因为没有知觉反应，等于什么都没有发生。

威廉"比尔"·伯恩巴克，广告先驱，《伯恩巴克如是说》，纽约：DDB Needham Worldwide，1989年出版

学生与老师不应该站在对立的两岸静观河水流淌。反之，应该是一起趟入河中顺水下游。通过积极的互动交流，教会学生加强学习的能力。

罗里斯·马拉古齐（Loris Malaguzzi，1920－1994），意大利教育家，引自卡罗琳·爱德华兹（Carolyn Edwards）等编辑的《儿童的一百种语言：瑞吉欧·艾蜜莉幼儿教育》（The Hundred Languages of Children: The Reggio Emilia Approach to Early Childhood Education），康州韦斯特波特：Greenwood出版集团，1993年出版，第三章

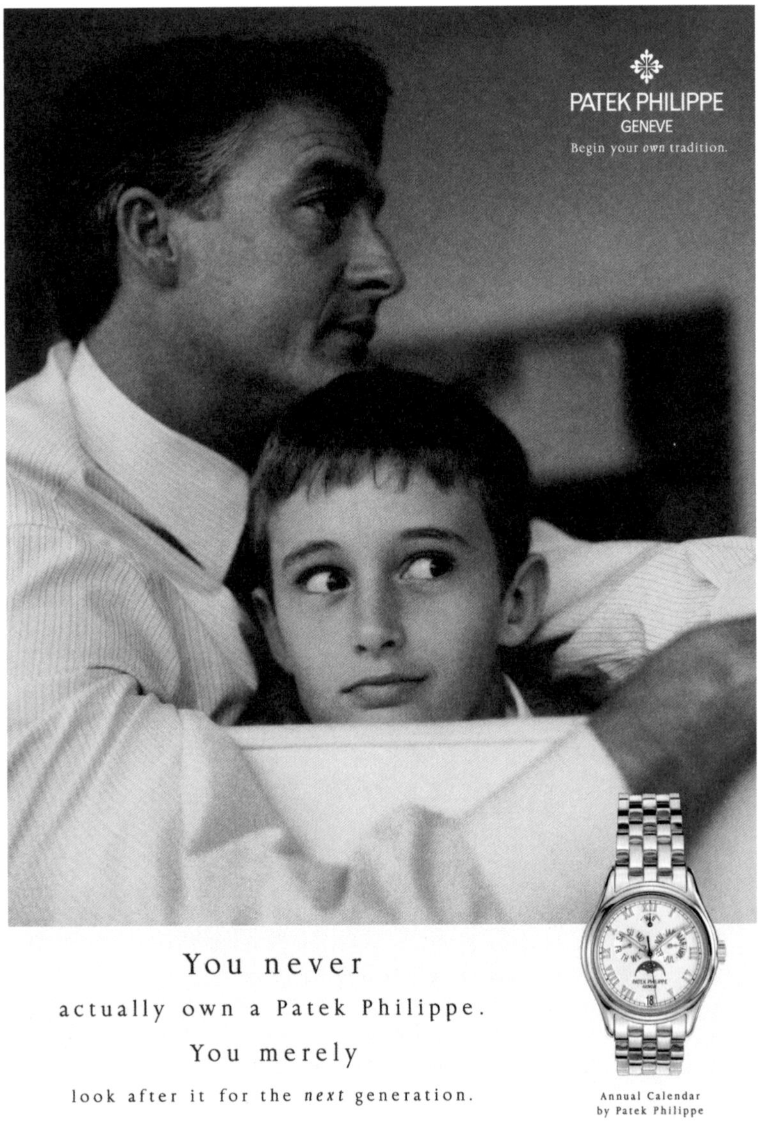

PATEK PHILIPPE
GENEVE
Begin your own tradition.

You never
actually own a Patek Philippe.
You merely
look after it for the *next* generation.

Annual Calendar
by Patek Philippe

<u>百达翡丽：你从未真正拥有过，
你只是替下一代看管。</u>
广告活在现实世界里，其可信度
等于关联度。如果你的任务是在
炫耀性消费不再时兴的当下将奢
侈品卖出去，你应该将重点强调
自我满足转换为自我否定。或
者，如该广告所示，以"为他"
替代"为我"。这则报纸广告顺
应时代潮流。

创意总监	Tim Delaney
美术指导	Warren Eakins
文案	Tim Delaney
摄影	Peggy Sirota (Represented by Eugenia Melian)
代理商	Leagas Delaney
客户	Patek Philippe

谁的家庭？

"家庭"的概念介于真实于想象之间。通常比看起来的多些，有时也会更少。家庭的概念对文案撰稿人而言是一大挑战，他们往往倾向于依赖固定的传统价值观及其所代表的一切。然而，作为广告文案撰稿人，你可以吸收一些新鲜事务与实践案例。资讯的有效性取决于读者个体对家庭观念的正确性理解。

是否有可能为一个家庭而写？如果你相信好文案是两个人之间的对话，答案则是否定的。

以下列方式，而非家庭作为沟通对象：
1. 选择一位家庭成员作为谈话对象；
2. 写给该成员；
3. 说服该成员确信你的主张是正确的；
4. 让该成员向家庭兜售他所相信的主张。

家庭的概念，仅仅是一个概念。

导入新家庭概念，摒弃旧概念。

写给个人，而非家庭。

让一位成员将讯息传递给全家。

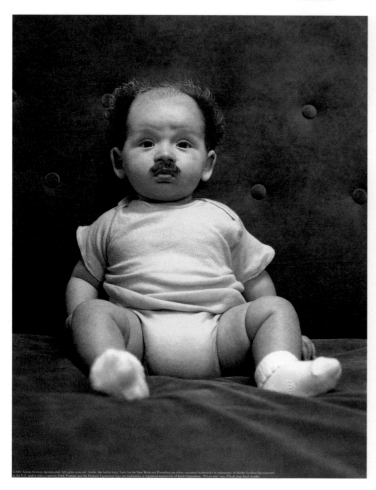

Adobe：他的眼睛遗传自父亲

家用产品的广告可以采用与家庭有关的形象或隐喻。本案中，一款原本在工作环境下使用的产品被重新定位为家用。以家庭概念为核心时，很重要一点是要避免自作多情。该广告以惹人喜爱的儿童开玩笑替代陈腔滥调的老生常谈。

创意总监	Rich Silverstein
文案	Mike Sweeney
美术指导	Nancy King
摄影	Heimo
修图	Mark Rurka
印刷制作	Suzee Barrabee
雕刻	Seven
代理商	Goodby, Silverstein & Partners
客户	Adobe Systems, Inc.

他的眼睛遗传自父亲。

想要给某人一个全新的发型？现在你可以运用*Photoshop Elements 2.0*，一个已经优化运用于*Intel Pentium 4处理器*的程序。*Photoshop Elements*具备部分相同的图片编辑工具的优点，但只需支付不到一百美元的费用。好玩，容易上手，毫无疑问这是满足你岳母想要一个完美鼻子的最好方法。

家庭观念

一则有效的广告应该像一场触动灵魂的布道：它不应只是安抚那些受折磨的人，还应折磨那些享受安逸的人。

伯尼斯·菲茨-吉本（Bernice Fitz-Gibbon），引自《梅西百货公司、金贝尔斯百货公司和我：如何在零售广告中一年赚九万美金》（*Macy's, Gimbels and Me: How to Earn $90,000 a Year in Retail Advertising*），纽约：西蒙-舒斯特出版公司（Simon and Schuster），1967年出版

林肯飞行者：我们一起便能统治世界，即便是车库也不错

长久以来，汽车广告只为男人而作。今天，更多的广告开始为女性而写。然而，这则广告不分性别。无论男人或女人都可能会说出标题这般言语，但这不只是他们个人对产品的看法，也是他们共同的世界观——彼此都想要得到品牌所彰显的奢华与力量，但谁都不愿与对方分享。

创意总监 / 美术指导	Sherry Pollack
文案	Ernie Schenck
平面设计	David Miazga
素材采购	Jessica Mirolla
印刷制作	Bea Alexander
摄影	Photo courtesy of Uwe Duettmann/stocklandmartel.com
代理商	Young & Rubicam/Irvine
客户	Ford Motor Co. Lincoln Mercury Division

我认为广告不仅仅是一种教育方式，同时是我们社会最有影响力的教育形式之一。究其原因就是因为人们不认为它具有教育性。

琴·基尔孟博士（Dr. Jean Kilbourne），作家、电影制片人、广告先驱，引自舒特·加利（Sut Jhally）编导及制作《温柔的杀害3：广告中的女性形象》（Killing Us Softly 3: Advertising's Image of Women video），2000年发行

A TABLE IS NEVER *JUST* A TABLE.

OFFICE TABLES INNOVATED AND FABRICATED FOR THE WAYS PEOPLE REALLY USE THEM.

PRISMATIQUE
DESIGNS LTD.

1-888-414-7333　　　　*TABLES THAT WORK.*　　　　www.prismatique.com

彩虹设计：桌子从来都不只是桌子
文案设计了这个场景？是或不是。动笔之前，文案撰稿人往往已有故事了然于胸。在此广告中，销售元素、广告说词、主题思想——包含于场景之中。即便标题与正文已极其明确表达了主题，故事仍然强调了：广告主的家具为今天生活而设计。

文案　　　　Bruce MacDonald
美术指导　　Jonathan Howells
摄影　　　　Chris Chapman
代理商　　　Dinnick & Howells
客户　　　　Prismatique

桌子从来都不只是桌子。
以人们真正使用的方式创新组合办公桌。

广告最具辉煌的成就，就是让我们相信自己并没有受到广告的影响。

伯纳德·麦格雷恩博士（Dr. Bernard McGrane），就职于加州奥兰治普曼大学社会系，引自哈罗德·伯汉姆（Harold Boihem）导演的纪录片《广告与自我》（*The Ad and the Ego*），1996年发行

Performance. Unlike any other.

Born of a century of innovative engineering, even the most luxurious Mercedes-Benz offers unrivaled power and responsiveness. Call 1-800-FOR-MERCEDES. Visit MBUSA.com. **The S-Class**

Mercedes-Benz

奔驰："火车头"篇
这则广告引用了大量过时的富人观念，以朴素、活泼的语调叙述血统。一切听起来都似调侃，但读者清楚地得到这样一个时下富人的印象：今天他们需要荣誉与特权，但也需要乐趣（同见第16页和第112页）。

文案	Sandy Mairs
联合创意总监／合伙人	Andy Hirsch, Randy Saitta
美术指导	Andy Hirsch, Randy Saitta
摄影	Darran Rees
代理商	Merkley + Partners New York
客户	Mercedes-Benz

感谢美国奔驰公司支持。

性能，无可比拟。
诞生一个世纪的创新引擎，为最豪华的奔驰提供无与伦比的动力与响应。

富人

时至今日，权威人士亦会质疑权威。

像销售普通商品那样销售奢侈商品。毕竟，你不是要写抽象的概念，而是具体产品或使用体验。那些奢侈品买家期望尽快了解产品的卖点，越快越好。

无论销售什么产品，好文案都应该有感染力、鲜明、真实及切合实际，尤其向富人兜售贵重或稀缺商品时更应该具有这样的品质。

展开平等对话。

要避免：
1. 矫揉造作；
2. 向潜在顾客献媚；
3. 有着陈腐的金钱与等级观念；
4. 恐吓消费者；
5. 认为自己与受众不一样。

销售奢侈商品时要知道：
1. 没有人真正需要你所销售的商品；
2. 世上并不缺乏精致或珍贵的东西；
3. 富人完全清楚第一和第二条；
4. 他们可能在这方面比你知道得更多；
5. 富人一直都存在于这个世界，但不是为你而存在。

对大部分富人而言，拥有财富最大的愉悦就是用以炫耀，而对财富的炫耀莫过于拥有那些他人求之不得且具有明确富裕标志的东西。

亚当·斯密（Adam Smith，1723–1790），苏格兰经济学家，引自《国富论》，全称《国民财富的性质和原因的研究》（*An Inquiry into the Nature and Causes of the Wealth of Nations*），都柏林：白石出版社（Whitestone），第一卷，第十一章，第31页，1776年出版；另有R.H.Campbell及其他版本，1976年出版

时速60英里，新劳斯莱斯汽车上最大的噪音来自电子钟。

二十世纪六十年代，大卫·奥格威为劳斯莱斯撰写的著名广告标题

金钱，已非往日之金钱。

凤凰资产管理（Phoenix Wealth Management®）的广告运动标语

PATEK PHILIPPE
GENEVE

Who will you be in the *next* 24 hours?

Twenty-4®
by Patek Philippe

百达翡丽：在接下来的24小时
里，你将会是谁？
这则广告用了九个简单的单字对
奢侈品概念进行了重新定义，把
产品从珍贵的装饰品转换成一种
新的权力象征，为特权与奢侈品
的结合找到了令人意想不到的可
能空间。这个创意旨在吸引那些
不再满足于饰品仅仅作为财富象
征的现代富裕女性。

创意总监	Tim Delaney
美术指导	Tim Delaney
文案	Tim Delaney
摄影	Regan Cameron
代理商	Leagas Delaney
客户	Patek Philippe

人们不再在艺术上寻求慰藉，但雅士、富人、无所
事事者分别从艺术中寻找新鲜、卓越、奢华乃至下
流。

巴勃罗·毕卡索（Pablo Picasso，1881–1973），西班牙艺术家，引自《炫
耀》（Parade）杂志，1965年1月3日出版

作为富人的可悲之处在于你必须得和富人生活在一起
……假设（反正我们都喜欢假设）我们获得财富，但
不像富人那样举止行事，就如同我们喝上一整天酒却
要保持头脑清醒一样不可能。

洛根·皮尔索尔·史密斯（Logan Pearsall Smith，1865–1946），美国散文
作家与警句家，引自《反醒》（Afterthoughs）中的"在世上"（In the
World），伦敦：Constable & Co.，1931年出版

半岛酒店集团：保持专注*
双关语或俏皮话在广告中甚为常见，它可以化解读者对广告的抗力，但是不能成为信息的障碍。这则豪华酒店的广告，不只是承诺提供给旅客一个舒服的住宿环境，而是可以找到所有你想要的一切可能（同见第82－83页）。

创意总监　　　　Lynn Kokorsky
文案　　　　　　Beth Levine
摄影　　　　　　Doug Menuez
代理商　　　　　AGENCYSACKS
客户　　　　　　Peninsula Hotel Group

保持专注
当你专注于手头上的事情时，我们将专注于你。
欢迎光临半岛酒店，布置豪华、服务贴心的房间会让你不由自主地延长入住时间。
（译注：标题Stay Focused亦作"入住被关注的中心"之意）

写文案的时候必须谨记：消费者可能比撰稿人更加了解产品，因为他们（消费者）有过购买经验。
约翰·沃纳梅（John Wanamaker），美国百货业巨头

富人不同于我们。
F. 斯科特·菲茨杰拉德（F. Scott Fitzgerald）
是的，他们比我有钱。
欧内斯特·海明威（Ernest Hemingway）

直言相陈

惟其是，勿佞巧。
《弟子规》

tom
can be bought

Please contact Keilhauer for your nearest representative
1 800 724 5665

KEILHAUER

Keilhauer：这是汤姆，汤姆可以买到

当其它椅子制造厂商采用老套且哗众取宠的方式兜售产品时，该广告创作者决定以幽默感和奇思妙想来反其道而行之。核心创意为：简单介绍一张新椅子，然后把它卖掉。如果广告刊登在杂志上，则"这是汤姆"出现在右页，而"汤姆可以买到"以及标志则出现在其背页（同见第140－141页）。

文案　　　　John Pylypczak
美术指导　　John Pylypczak, Diti Katona
摄影　　　　Karen Levy
代理商　　　Concrete Design Communications Inc.,
　　　　　　Toronto
客户　　　　Keilhauer

有时，以渲染事实来吸引读者非常有效；有时，则直截了当也同样奏效。

有些撰稿人反对脚踏实地的写法，他们觉得运用明喻与隐喻是使文案更具说服力的核心技巧；有些则选择客观务实的写作方法，虽然他们知道可能会因此无法获得比赛奖项。

但是简单的声明式陈述对某些产品和战略来说更有效。即便如此，直述式广告并非一定缺乏精微之处，事实上，简单的广告往往最难写。

假如你决定采用务实、理性的陈述方式，首先要：

1. 信任读者的智商；
2. 列出一长串需描述的要点清单；
3. 缩减清单，只保留要点细节；
4. 再减去一半；
5. 然后写出你的故事。

有时，简单的句子最好。

直述式广告一样可以精彩。

直接沟通会给人以坦诚印象。

让广告奖项见鬼去，广告实效才是一切。

摄影　　　　Andrew Douglas
代理商　　　McCann-Erickson London
客户　　　　William Grant & Sons Inc.

Glenfiddich：独立精神
如果你能将信息的精华简炼为三言两语，你也就掌握了一项谋生技能。这条标题定义了品牌及其消费者，可谓点睛之笔。文案专注、严密、信息性、节奏明快。文案撰稿人清楚对广告主的潜在消费者而言什么才是重点，并直接陈述。

独立精神。
这是一款精制单一麦芽威士忌的传奇故事。由独立家族企业蒸馏制成，秉承12年的独家纯熟技术，瓶身冠以Glenfiddich之名，即"鹿之谷"。发现，品味，享受。

在这些年里，我还学到什么？本能地拒绝最高级词句；形容词哗众取宠；信口开河无法取得信任；过分强调则引发抗拒。

托尼·考克斯，引自广告文案圣经《全球32位顶尖广告文案的写作之道》，英国：RotoVision，2000年出版

They both work at the
same company.
Have the
same six-figure salaries.

So why is one looking forward to
early
retirement,

while the other looks forward to
the 15th and the 31st?

The difference is a Northwestern Mutual Financial Network Representative, offering expert guidance in retirement planning, financial services, and a network of specialists to help get you closer to all your financial goals.

Northwestern Mutual
FINANCIAL NETWORK®

Are you there yet?®

05-2010 ℗ 2003 The Northwestern Mutual Life Insurance Co., Milwaukee, WI　　　www.nmfn.com

我要让我写的东西信息充实，希望自己成为个中权威。所以，我尽可能地学习一切有关客户的知识；阅读一切可以找到的材料；向一切有关人士请益。我研究，研究，再研究。直至将问题彻底解决至令自己满意为止，然后动笔。

贝丝·莱文（Beth Levine），纽约 AGENCYSACKS 广告文案撰稿人，告诉本书作者

Grey Goose® Le Citron, Lemon flavored vodka. 40% Alc./Vol. Imported exclusively by Sidney Frank Importing Co., Inc. New Rochelle, NY 10801.

To make the best *Citron Martini* in the world, start with Grey Goose Le Citron.

Grey Goose Le Citron Martini
3 oz. Grey Goose® Le Citron
Garnish with a lemon twist

In 2001, the Beverage Testing Institute of Chicago conducted a blind taste test of the world's top lemon flavored vodkas. They awarded points based on smoothness, nose and taste. After careful consideration, Grey Goose Le Citron was rated the number one lemon tasting vodka. Praised for its "exceptionally smooth... medium body" and "very clean finish," Le Citron is the best tasting vodka in the world infused with the light zest of fresh lemon.

Rank	Vodka
1st	**GREY GOOSE® LE CITRON** ...Finishes very cleanly with an incandescent wash of ripe lemon flavor.
2nd	Stolichnaya Limonaya Vodka
3rd	Absolut Citron Vodka
4th	Tanqueray Sterling Citrus Vodka
5th	Ketel One Citroen Vodka

To send a gift of Grey Goose® call 1-877-SPIRITS or visit www.877spirits.com Void where prohibited.　www.greygoosevodka.com
Drink Responsibly.

灰雁伏特加柠檬味：要调制世上最好的柠檬马天尼酒……
为销售柠檬味伏特加，灰雁再次借助独立评论者之口。此广告中所引用的"最好"来自口味盲测评委小组之口，而非撰稿人凭空捏造。这一方法与建构在文字游戏或吹嘘基础上的广告创意难分伯仲。但是，好在它可以在文字上出现行业内较为著名的竞争品牌，这一点对广告主极为有利。

副营销总裁	Bud Fenzel
美术指导	Bill Henderson
文案	Deidre Maher
客户	Sidney Frank Importing Co., Inc.

要调制世上最好的柠檬马天尼酒，就用灰雁伏特加柠檬味吧。
2001年，美国饮品测试协会芝加哥分部对世界顶级的柠檬味伏特加进行了一次口味盲测。其品鉴标准包括口感度、嗅觉和味觉。经过深思熟虑，灰雁柠檬伏特加凭借其"出色的口感、中等造型"和"清纯的尾韵"拔得头筹，由光照充足的新鲜柠檬制成的柠檬味伏特加是世界上口味最棒的伏特加。

不要谈论天空的星星。
如果爱我，
指给我看。
不要告诉我希望的梦想。
如果有热情，
做给我看。

引自电影《窈窕淑女》（My Fair Lady）插曲《给我看》（*Show Me*），作者艾伦·勒纳（Alan Lerner）和弗瑞德里克·劳（Frederick Loewe），Chappell & Co., Inc.，© 1956年发行

18—30 俱乐部
滑稽默剧一瞥即明，毋需文字赘述。如果创意
真正有趣，你所要做的一切只是眉毛一扬，观
众就明白笑点所在。这则广告的讯息有着极其
明确的精准目标群。

创意总监	David Droga
文案	Mike Sutherland
美术指导	Antony Nelson
排版	Scott Silvey
摄影	Trevor Ray Hart
代理商	Saatchi & Saatchi/London
客户	Club 18–30

了解坦诚与精准之间的差别。

文案撰稿人在广告创意中有何作为？延展概
念？创造情景？展开叙述？今天，标题、正
文、标语、说明、标注及博客侧边栏都只是广
告执行的元素而已，每一元素都是选项。在当
下多数广告中，视觉即可"讲述"故事，受众
无需通过文字即可获取讯息。

有些撰稿人认为，文案变得简短归咎于客户在
全球市场开拓所带来的语言障碍。然而，通用
的视觉创意可以令任何地方的任何人都能明
白。有人看到了新的排序与处理信息方式，还
有的则归咎于成人的注意力缺陷以及功能性文
盲。他们都有可能正确。

对图片的强调是否会削弱对文案撰稿人的作
用？不会。事实上，甚至可能对文案撰稿人
有利。

理论上，文案一如既往地重要，但如今，它
却从另一个角度——即感性（图片）而非理
性（文字）角度与消费者面对。

以图像为重心的广告：
1. 省却大量琐碎乏味的工作；
2. 需要更具智慧的创意；
3. 要求撰稿人了解更多、阅读更多、想更
　多。

没有文字的广告可以"讲述"没有国
界的语言。

视觉信息具有立竿见影、直截了当及
挑衅刺激的效果。

图像可以唤起情感而非理智的冲动。

或许，唯一需要出现的文字就是品牌
名。

在这个行业里最大的错误莫过于发布一则没有标题
的广告。
大卫·奥格威，广告先驱，引自《一个广告人的自白》（*Confessions of an
Advertising Man*）中的"如何撰写有效文案，第一段：标题"（How to
Write Potent Copy, 1, Headlines），纽约：Atheneum，1984年出版，第
104页

我的任务是让人们先有感觉，然后思考，而非颠倒次序。
巴兹·鲁尔曼（Baz Luhrmann），引自约翰·拉尔（John Lahr）的"马戏表演的指导
者（巴兹·鲁尔曼传）"（The Ringmaster），《纽约客》杂志，2002年12月2日出版

文字，文字，文字！它隔绝了人类与世间万物，让我
们只有四分之一时间与事物接触，其余时间则要面对
它们的代表——该死的文字。
马克·拉宾（Mark Rampion），引自阿道斯·赫胥黎（Aldous Huxley，
1894—1963）的《针锋相对》（*Point Counter Point*），伦敦：Chatto &
Windus，1928年出版，第16章

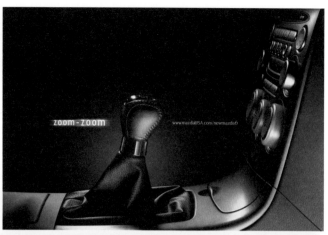

马自达：Zoom-Zoom广告运动
如果你想对潜在消费者诉之以情感，那就使
用情感语言。如果你的概念是男孩及他们的
玩具，对内心世界并非童心未泯的人来说
"Zoom-Zoom"是一种清晰的表达方式。

首席创意官	John DeCerchio
执行创意总监	Michael Belitsos
创意总监	Ken Camastro
文案	Kip Klappenback
美术指导	Dennis Atkinson
摄影	Bob Stevens
代理商	Doner
客户	Mazda

无需**文字**，或**愈**少愈好

诗句无情？只有几个字的诗词，然后修
改、修改、再修改，就能成为一首好诗。

华莱士·史蒂文斯（Wallace Stevens，1879–1955），美国
诗人，引自《关于次序的概念》（*Ideas of Order*）中的"英
勇的城堡"（*Gallant Château*），纽约：The Alcestis出版
社，1935年出版

说到尼姆，他听人家谈起，说话最少的人
便是最勇敢的人……

男童，引自威廉·莎士比亚（William Shakespeare，1564–
1616）著《亨利五世》（*Henry V*）第三幕，第二场

Graff: 世上最为绝美的宝石
时尚、奢侈品及酒精饮料的广告极少使用文案，甚至根本不用文案。就这些类别的产品而言，一个公司名字就足以传递品牌的诉求与优势。然而，当文案出现，则文字用以区别品牌。此处的"绝美"（fabulous）一词意指公司的地位。

图片由Graff提供，特此致谢！

话语要简短，理解要深刻。
引自《圣经·旧约》，"传道书"32:8

苏格兰皇家银行：少说
忙碌的人们没有时间用以浪费，
尤其当他们快速浏览一本杂志
时。商人们不想讨论生意，而是
着手他们的生意。他们希望获得
银行融资以支持或加强企业运
作。这则广告说得很少，但都说
了潜在客户所想要听的。

执行创意总监／文案	Simon Dicketts
美术指导	Fergus Flemming
字体设计	Rob Wilson, Simon
	Warden
摄影	Andy Green
代理商	M&C Saatchi
客户	Royal Bank of Scotland

<u>少说。</u>
世上总是说的人多做的人少。我们的信誉源
自付诸行动。

信言不美，美言不信。善者不辩，辩者不善。
老子，中国哲学家

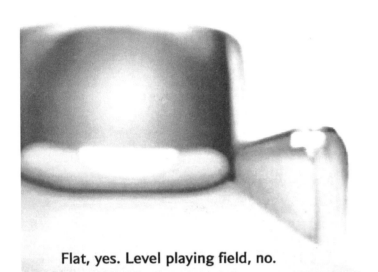

Flat, yes. Level playing field, no.

The truly flat bed in business class for a better sleep to London. It's almost an unfair advantage.

New Club World is available on most services between North America and London Heathrow. ©2003 British Airways Plc

BRITISH AIRWAYS
britishairways.com

英国航空：平坦，是的。公平，
不可能

排他主义的背后是态度。并非人
人都能明白你在说什么，也不是
人人都能理解你所说的，因为不
是人人都那么有素养。你所写文
案的重点是邀请读者进入这个专
属的圈子。事实上，人人都希望
进入并从里往外看。

创意总监　　Simon Dicketts/Matt Eastwood
美术指导　　Bill Gallacher
摄影　　　　Richard Maxted
代理商　　　M&C Saatchi
客户　　　　British Airways

平坦，是的。公平，不可能。
我们的商务舱为你提供真正舒适平坦的床
位，让飞往伦敦的旅途睡得更香。这近乎是
一种不公平的优势。

带有感情还是嘲讽？

上一刻要求你带有感情地写，下一刻则是带着
嘲讽。

优秀的撰稿人了解趋势，深谙新观念及潮语的
表达方式。撰稿人不应对抗趋势的影响力，广
告公司的老板与客户希望撰稿人清楚掌握，甚
至应用其中。广告，始终是生命短暂，甚至当
日有效，几乎在新趋势出现后即刻反应其中。

早年的撰稿人致力于寻找商品的独特销售点，
不断加以润色，直至消费者全盘接受。他们销
售事实、夸张事实、粉饰事实，然后将其摆在
消费者眼前。强行推销的鼓吹者，从克劳德·
霍普金斯（Claude C. Hopkins）到显赫的大
卫·奥格威都在强化一个观念：如何销售。

今天，销售仍然极其重要。但是今天，文案们
在兜售的是公众共同价值，而非产品的独特品
质。

倾向性写作的指导原则：
1. 使用潜在消费者的行话；
2. 强调独特性与稀缺性；
3. 懂得昨日的庸俗可能成为今日的高雅；
4. 如果感觉对了，傲慢一下也无妨；
5. 展现一种知识，举止恰到好处；
6. 积极介入潜在消费者所接受的大众观念；
7. 只有在被赋予其新意的情况下才启用那些让
　 人听出耳茧的词汇。

Less is more.

Presenting the world's most compact full-featured notebook computer. Unlike other compact notebooks, everything is built in. Like a blazing G4 processor, super-crisp 12" display (1024 x 768), slot-load CD-burning/DVD-playing Combo drive and integrated Bluetooth. Plus a battery that lasts up to 5 hours, so you can do more – anywhere. All incredibly engineered into a stunning aluminum enclosure that's just 1.2" thin. The new 12" PowerBook.

More is more.

Presenting the world's first 17" notebook computer. Featuring a breathtaking 17" widescreen display, blazing 1GHz G4 processor, slot-load CD/DVD-burning SuperDrive" and the industry's first backlit keyboard. Plus AirPort Extreme (802.11g) and integrated Bluetooth make it the most wirelessly connected notebook ever. All miraculously engineered into a 1"-thin enclosure that's ultra-light and ultra-desirable. The new 17" PowerBook.

苹果电脑：少即是多 / 多就是多
注意：不要屈从于老生常谈。该广告打破了此规则，令陈词滥调的词汇重现新生，一边承诺给读者利益，一边开着玩笑。令人读后会心一笑。

创意总监	Eric Grunbaum, Duncan Milner
文案	Susan Alinsangan, Eric Grunbaum
美术指导	Susan Alinsangan
摄影	Photo © 2003 Hunter Freeman/San Francisco
代理商	TBWA/Chiat/Day
客户	Apple Computer

少即是多*。
隆重推出世界上最小巧的全功能笔记本电脑。不同于其他笔记本电脑，它包含一切。例如闪存G4处理器，超薄12英寸显示屏（1024×786），吸入式CD刻录/DVD播放复合式光驱以及集成蓝牙。再加上长达5小时的电池续航能力，让你可以在任何地方尽情使用。惊人地仅以1.2英寸纤薄设计尽收一切难以置信的技术。全新的12英寸强力笔记本电脑。

译注：Less is More为密斯·凡·德罗（Ludwig Mies Van der Rohe）所提倡的极少主义，主张寻找事物的精粹与本质，摒弃那些没有必要的东西。

多就是多。
隆重推出世界上第一台17英寸笔记本电脑。突破性17英寸宽屏显示器，闪存1GHz G4处理器，吸入式CD/DVD刻录超级驱动以及业内首创背光键盘。再加上无限网卡和集成蓝牙，让其成为史无前例的无线连接笔记本电脑。奇迹般地仅以1英寸纤薄设计尽收一切技术，超轻、超乎想象。全新的17英寸强力笔记本电脑。

彰显态度

酷是带有反叛意味的，是时候接受装酷是一种失败这一事实。

里克·波因纳（Rick Poynor），引自《服从巨人——图像世界的生活》（*Obey the Giant: Life in the Image World*），伦敦：August与巴塞尔：Birkhäuser，2001年出版

嘲讽从边缘知识分子的话语转变为心照不宣的主流声音。

尼克·劳（Nick Law），R/GA纽约创意总监，告诉本书作者

Motorola：Moto广告
随着沟通性质的变化，那些听起来对的事情，也就是对的事情。那些你想要影响的目标群体被分割得越来越窄，了解他们的行话成为必修功课。当你知道了，就可以丢出来。讲他们所讲的话，你的彰显态度就成功一半了。

创意总监　　Miguel Muñiz
美术指导　　Raúl Espino
文案　　　　Rodrigo Puga
摄影　　　　Platon
制作　　　　Leslie D'Acri
代理商　　　Ogilvy, Mexico City Office
客户　　　　Motorola

态度
即所展示的姿势、姿态、立场、气氛、风度、举止及仪表。比如："她的态度让我认为她很有钱，其实则不然。"

俚语
特定群体所使用的特定语言，通常由非正式、非标准的词汇或造词所组成，包括任意更改的单词及夸张的描述。英式英语如："晚餐很棒"（The dinner was brilliant.）指晚餐"好"（good）而非"聪明"（intelligent）。美式英语如："Got some dead presidents?"字面意思为"你有已故总统吗？"实际意思为"你有钱吗？"因为美钞纸币上印有已故的美国总统。

反讽
所使用的词表达另外一层意思，尤其是与字面相反的意思。比如："你父亲看到你的学习成绩将会很高兴！"实际是指父亲看到那么糟糕的成绩将会很失望。再如："你的头发很有型！"则指发型怪异或丑陋。

陈词滥调
平庸、陈旧、乏味、滥用的词句表达，因为过度使用使其失去影响力，特别是格言。比如："不要本末倒置"，尤其像"绝不可使用陈词滥调"之类。

创意总监　Bill Oberlander, Dan Burrier
美术指导　Michael Paterson
文案　Chris Skurrat
摄影　Platon
制作　Leslie D'Acri
代理商　Ogilvy NY
客户　Motorola

就原品博士波本威士忌（Booker's Bourbon）广告而言，我们带给花五十美元买一瓶波本威士忌买家的是一些谈资。

麦克·罗斯卡布（Mike Lescarbeau），明尼阿波利斯 One and All 广告公司创意总监告诉本书作者

我们为纽约菲洛朗餐厅（Florent）所做的推广：只是将第一篇广告刊登在《Paper》杂志上。我们试图将其打造成一家很酷的餐厅，所以我们所设计的广告没有地址，没有电话，没有运通卡标识。如果你身边没有知道这家餐厅的朋友，显得你不合时宜。

蒂博尔·卡尔曼（Tibor Kalman，1949–1999），前纽约M&Co公司负责人，引自彼得·霍尔（Peter Hall）的《蒂博尔·卡尔曼：乖戾的乐观主义者》（Tibor Kalman: Perverse Optimist），纽约：普林斯顿建筑出版社，1998年出版，第66页

海陆律师事务所（Heller Ehrman）：海陆律师事务所对决常规思维

引起潜在顾客注意的方式之一就是发起进攻。
强调你不是什么，并阐明你是什么。设立论述
措词，语调要有攻击性与果断性，决不妥协。
让准顾客自己选择：对手还是我们，过去还是
将来？下战书吧！这才是真正的态度。

文案	Jody Horn
美术指导	Gregg Foster
摄影	Chris Wahlberg
代理商	Publicis USA
客户	Heller Ehrman

海陆律师事务所对决常规思维。
如果存在更真实典型的律师形象，让其彰显并
众所周知。在海陆律师事务所，你不会看到那
些衣着僵硬、想法呆板的律师们。相反，你会
发现一个个生机勃勃的团队，他们出人意表，
这里正酝酿着那些杰出的解决方案。

在他们历史的废墟上，只有一种态度被保存下来……

菲利普·拉金（Philip Larkin，1922-1986），英国诗人，引自《阿兰德尔墓》（*An Arundel Tomb*），《伦敦杂志》第三卷，第五辑，伦敦：Chatto & Windus，1956年出版

A little bit town and country. A little bit rock and roll.

The charm and manners of the British. With a propensity to get down.
Behave accordingly. Take high tea in a bikini. Spend the day at the yacht club – the night at
the jazz club. It's paradise, with a pedigree. Conveniently located two hours from New York.

1.800.225.6106 ~ www.bermudatourism.com　　▲| BERMUDA

ROLEX

Worth a second glance, even when you know the time.

Oyster Perpetual in stainless steel

FOR THE NAME AND LOCATION OF AN OFFICIAL ROLEX JEWELER NEAR YOU, PLEASE CALL 1-800-367-6539.　WWW.ROLEX.COM

Rolex, W and Oyster Perpetual are trademarks.

百慕大观光局：有点乡村，有点摇滚
奉承你的读者，但要谨慎。了解他们情绪的敏感点在哪里，
然后出击。如今品位的界限不但模糊且被肆意跨越，昨日的
举止今天就不再得体。现在，练达是一种优劣文化的混合
体，你必须了解并正确把握。

创意总监	Jean Byers
素材采购	Catherine Johnson
文案	Michelle Gusman
摄影：	
Couple	Anne Menke
Golf shadow	Ian Macdonald-Smith
Blue fish	National Geographic stock
Bathing suit	Martyn Thompson
代理商	Arnold Worldwide
客户	Bermuda Department of Tourism

有点乡村，有点摇滚。
英国人的魅力和礼节。习惯性地身心放松。举止优雅。穿着比基尼享受英式下午
茶。白天在游艇俱乐部，晚上在爵士酒吧。这里是天堂，身份显赫。距纽约两小
时的航程，交通便利。

劳力士：即便你知道时间，也值得瞄上一眼
当商品变成名牌时，功能的概念相对于拥有的
愉悦而微不足道。所以，如果你今天要推销手
表，你不是在兜售一块更好的计时器或一件珍
贵的饰品。上世纪八十年代，人们注重地位；
九十年代，他们则注重品位；但如今你必须提
供某些真实却又抽象的东西，或者用一句话
说，就是提供一种态度（同见第181页）。

承蒙劳力士支持，特此致谢！

**今天最为时髦的广告风格，也会成为明
天的敝屣。**

威廉"比尔"·伯恩巴克，广告先驱，《伯恩巴克如是说》，纽约：DDB Needham
Worldwide，1989年出版

we see
the toughest reservation in town.
Where there are big ideas but still small budgets, we see opportunities for success. That's what inspires us to create software that helps small businesses start, grow, and thrive. Even the smallest companies get a chance to compete on today's tech-driven playing field. microsoft.com/potential
Your potential. Our passion.

BISTRO

Microsoft

微软公司："小酒馆"篇
广告的受众都有梦想，而通常广告主总有办法让这些梦想变为现实。文案撰稿人的工作就是为他们牵线搭桥，女商人或企业界的女性质疑微软这样的巨人也会关心到她吗？如果文案的语气和态度能确切反应她们的梦想与激情，她们会相信。

我们收到镇上最苛刻的预定。
在那些拥有伟大想法但预算很低的地方，我们看到成功。正是这些激发我们去创新软件，帮助那些小企业起步、成长和繁盛。即使最小的公司也可以有机会在当今这个高科技竞技场里一决高下。microsoft.com/potential 你们的潜力，我们的激情。

执行创意总监 / 文案　　　　　Dante Lombardi
执行创意总监 / 美术指导　　　　Walt Connelly/Ashley Reese
摄影　　　　　　　　　　　　　Kilan Maatens
代理商　　　　　　　　　　　　McCann-Erickson SF
客户　　　　　　　　　　　　　Microsoft (Contact: Peter Cohen)

某一类型不同品牌的所有商品或多或少具有相似的标准。它们都采用相同的方式设计，用相同的技术生产，且实质上具有相同的性能。然而文案的任务是给消费者一个好的理由购买广告主委托代理商发布的广告产品，无关乎其产品是否具有相似性。

撰稿人通常声称他们采用这样或那样的方法让产品变得不一样，以此吸引人们的行动或注意力，并将广告演变成人们的话题。当然，谋事在于创意人，成事在现实。愿望是一码事，结果则是一切。

不过，这里有一招可以让你的产品出人头地：那就是与你的受众建立情感联系。

如何建立情感：
1. 激发出潜在消费者的热情；
2. 使用情感词汇或者可以引发情感的词汇，如"梦想"等；
3. 请注意，唤起的情感可以成为一个功能强大的工具；
4. 设想人们的情感需要受到激发，甚至很兴奋；
5. 聊天，但不要说教；
6. 针对潜在消费者，而非广告主说话；
7. 以友善甚至尝试亲密的方式沟通。

所有特殊类别的产品实则相同。

文案承诺的结果可能与实际有很大出入。

许多如时尚之类的产品更多涉及的是情感而非功能。

人人都在期待愿望得以满足。

马自达：你抓住它，它也抓住你
人们希望得到激发，他们需要感情上的参与，也想要感受周边事物带来的激情。文案撰稿人是唯一可以赋予文字这些情感的人，该文案字里行间所要传递的是：与其说爱车，不如说与车有染。

首席创意官	John DeCerchio
执行创意总监	Michael Belitsos
创意总监	Ken Camastro
文案	Kip Klappenback
美术指导	Dennis Atkinson
摄影	John Marion
代理商	Doner
客户	Mazda

你抓住它，它也抓住你。
当你手握短距离真皮5档变速杆起步发车，首先感受到那强大的220马力发动机。当你加速换档，跑车式双叉横臂前悬挂将其设计理念体现得淋漓尽致。而当你从一个弯道进入下一个时，这样的享受又再一次向你席卷而来。"是我不想离开它，还是它不让我走？"
全新马自达6轿跑。驾驭它，你自然明白。

激发感情

让读者不得不信。

汤姆·托马斯（Tom Thomas），引自广告文案圣经《全球32位顶尖广告文案的写作之道》，英国：RotoVision，2000年出版

理智总是被感情愚弄。

弗朗索瓦·德·拉·罗什福柯（François de La Rochefoucauld，1613–1680），法国作家、伦理学家，引自罗伯特·菲茨亨利编《哈珀名言集》，纽约：Harper Perennnial出版社，1993年第三版

安捷伦科技：有些学生梦想放学后仍可以待在学校
某些词在特定的语境下具有超越日常应用的魔力，"梦想"（dream）便是其中之一。在该广告中，当它与一位教室里的黑人儿童放在一起时，不可避免地令人想起美国民权运动领袖马丁·路德·金博士（Dr Martin Luther King）的"我有一个梦想"。当你的文案挖掘到一个合适的社会影响力时，它便可获取与其相关的力量。

创意总监	Mark Canavan, Mark Reichard
文案	Chris Lozen
美术指导	Steve Miller
摄影	Blaise Hayward
代理商	McCann-Erickson
客户	Agilent Technologies, Inc.

本广告作品由相关版权人授权转载。

有些学生梦想放学后仍可以待在学校。
这些学生是安捷伦科技"放学后"项目的一份子，这是一个安捷伦科学家和工程师志愿参与的全球性研究项目，旨在传达科学的趣味性。这是一辆气球动力汽车。这个实际操作潜望镜你在家里就可以组装。怎样让灯泡发光。这里为明天的科学家，工程师点亮了希望火花。而这只是安捷伦科技丰富全球社区活动现有成果的一小部分。

率直在广告中有一席之地，婉约与含蓄亦不失其用途。

大卫·埃伯特（David Abbott），引自广告文案圣经《全球32位顶尖广告文案的写作之道》，英国：RotoVision，2000年出版

凤凰财富管理：不习惯财务的不确定性

这则广告因种种原因而特别凸显，但最为主要的是它格外诚实。"无能为力"（powerless）这个词让人无法忽视。理查德·克什鲍姆曾经说过："如果想让你的作品盛行，加入当下流行的元素。"这位撰稿人便依此而行，其结果使这则广告具有无可比拟的时代性……或说服力。

代理商　　Cossette Post Communications
客户　　　The Phoenix Companies, Inc.

不习惯财务的不确定性。
无能为力阻止这一切。
金钱，早已今非昔比。
今天，金钱不再有任何保障。这就是为什么凤凰财富管理为当今的成功人士提供财富管理产品和服务，以此帮助他们应对财富积累、存储和转移的需求。和你的理财顾问谈谈凤凰财富管理吧。

大多数广告不是毫不起眼就是本身一塌糊涂。我们努力让广告被人们所关注、喜爱、讨论，那么它就创造了一个时下话题。

职员，南卡罗莱纳州夏洛特市 Boone Oakley 广告公司，引自《One》杂志，The One 艺术与文案俱乐部，第六卷，第二辑，2002 秋出版

向人们的头脑及内心诉求，这是大多数决策之所在。

阿尔弗雷多·马康托尼奥（Alfredo Marcantonio），引自广告文案圣经《全球32位顶尖广告文案的写作之道》，英国：RotoVision，2000年出版

唐娜·卡兰：丝袜
如此例中的片言只语所达成的岂
止识别品牌与产品描述，时尚摄
影并非为了显示细节，更多是为
了挑起某种激情。文案集中于一
个单字"极限"（ultimate），
读者的情感与想象也被"极限"
地激发了。

创意总监	Trey Laird
美术指导	Hans Dorsinville
摄影	James Houston
代理商	Laird + Partners
客户	Donna Karan

（好文案所具有的）敏锐、强大的销售力蕴藏在智慧、诚实、风趣与魅力之中。

迪安·哈科恩（Dean Hacohen），纽约Lowe & Partners/SMS文案

The word plasma excites you

The phrase surround sound makes your heart flutter
DVD, HDTV, MP3 and PDA are your new alphabet
You're always the first one to get your hands on the new toy
And when it comes to finding the right price,
The smaller it is, the bigger your eyes become

Things to know when you do it eBay

eBay is a great place to get great deals on anything electronics related. You'll find all the top brand names and save up to 40% on retail prices.

Buy it Now Don't want to bid on an item? If the thing you want has the "Buy it Now" icon next to it, you can buy it right away without waiting.

New Thousands of brand new items are being bought and sold here everyday. With eBay, you have a choice of new, used and collectible items.

Live Help Live Help is eBay's support line for new users that's available via live computer chat to answer any questions you may have.

PayPal PayPal is the fast, easy and secure way to pay on eBay. Use your credit card or bank account to pay instantly and get your items faster.

Do it eBay Electronics

AOL keyword: eBay

eBay电子：让"等离子"这个词激发你
人们需要沟通，而非说教。文案选择的语气取决于很多因素，从为个别广告特制的策略到一般人日常说话的方式。这篇文案直接向读者喊话，如同撰稿人知道读者大名一般。这种随意性很棒，它在向读者表示：我们在和你交谈，不是自说自话。

让"等离子"这个词激发你。
"环绕音效"这个词让你心动不已，DVD、HDTV、MP3和PDA是你最新的字母表。你永远是第一个将这些"新玩具"收入囊中。当其价格更具竞争力，造型更小巧，你一定更加叹为观止。

eBay客户营销副总裁	Gary Briggs
资深品牌营销总监	Annette Goodwine
资深品牌经理	Steve Reinhardt
品牌营销经理	Kim Vostermans
品牌营销专员	Serena Shnayer
创意总监	Jamie Barrett
美术指导	Michael Kennedy
文案	Lionel Carreon
电脑修图	Will Hung
摄影	Dan Escobar, San Francisco
制作	Max Fallon
客户管理总监	Robert Riccardi
客户总监	Brian McPherson
客户经理	Yasmina McCarty
助理客户经理	Kim Lewis
代理商	Goodby, Silverstein & Partners
客户	eBay

eBay是eBay股份有限公司的注册商标。

他珍视感情，不是因为其本身，而只因感情是通往亲密关系唯一的终极道路。

E. M. 福斯特（E.M. Forster，1879–1970），英国作家，引自《最漫长的旅程》（*The Longest Journey*），爱丁堡：W. Blackwood and Sons，1907年出版，第二部，第十八章

神秘是我们经历过最为美妙的情感，它是所有真正艺术与科学的力量之源。那些对这种情感感到陌生、不再惊叹与敬畏地伫立的人不啻于行尸走肉。

阿尔伯特·爱因斯坦（Albert Einstein，1879–1955），德国物理学家，引自菲利浦·弗兰克（Philipp Frank）《爱因斯坦：他的生活与时代》（*Einstein: His Life and Times*），纽约：Alfred A. Knopf，1947年出版，第十二章，第五节

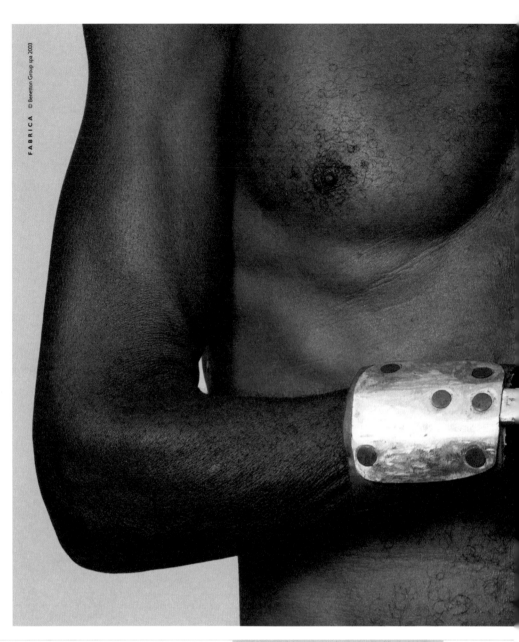

FABRICA © Benetton Group spa 2003

文案撰稿人写的东西都是给别人读的，所以当你坐下来写的时候，想象你正开始与一位新朋友交谈。然而，社交聊天与广告还是有很大差别的。广告从来都不是一种简单的打发时间的方式，最终是要你的朋友花掉他们的血汗钱。不论产品是新型的软饮料、折扣机票，还是平板电视，你都是在代表销售。最好的可能情况是，你的新朋友相信你所介绍给他们的产品是因为你真诚地相信它的确能给他们的生活带来一些有价值的东西。

写给朋友的时候要：
1. 用最能合乎场合的语调"说话"；
2. 分享你认为有价值的信息；
3. 保持吸引力，并贯穿始终；
4. 表达敬意；
5. 分享。

写给朋友的时候不要：
1. 只依靠标题；
2. 乏味或无聊；
3. 徒有形式；
4. 假设他们在倾听；
5. 显得傲慢或屈尊俯就。

将人们拽到一边，与他们直接亲切地交谈。

与"朋友"进行一场对话。

确信产品或服务真正有利。

自问，你写的信息是否无聊？

潜在顾客比产品重要。

约翰·贝文斯（John Bevins），引自广告文案圣经《全球32位顶尖广告文案的写作之道》，英国：RotoVision，2000年出版

贝纳通：生命之粮

有些时候可以用文字与人们沟通，无需直接跟他们讲话。在这则广告中，鲜明及大量的信息传递出："就根本而言，对你来说重要的东西，对我们也同样重要。"通过这种方式，广告主与消费者建立了一种超越一般交易而更为真诚的关系。

文案　　　Amy Flanagan
摄影　　　James Mollison
代理商　　Fabrica
客户　　　Benetton Group S.p.A.

© 2003 Benetton Group S.p.A.

一切有关于**你**

除了销售产品，广告教导了我们所有的人，最为重要的是，成为消费者。它告诉我们：幸福是可以买到的；生活中最为棘手的问题可以有立马解决的方案；以及商品可以让我们实现自我，满足我们人类内心最深处的需求。

琴·基尔孟博士，作家、电影制片人、广告先驱，引自舒特·加利编制《温柔的杀害3：广告中的女性形象》，2000年发行

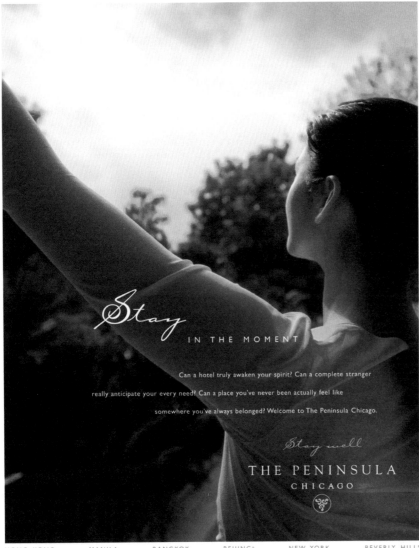

创意总监　　　Lynn Kokorsky
文案　　　　　Beth Levine
摄影　　　　　Doug Menuez
代理商　　　　AGENCYSACKS
客户　　　　　Peninsula Hotel Group

半岛酒店集团：保持自我

当受众是一位年长、成功且富足的人，撰稿人应该了解他的成功是源自阅历、专业与品位。在这种情况下，不要简单地罗列信息。相反地，试着深入了解更多个人层面的讯息。这样潜在消费者才会激赏你的文案（同见第57页）。

凝驻此刻。
一家酒店能激起你的灵感吗？一个完全的陌生人能预见你所有的需求吗？一个你从未涉足的地方会让你感受到归属感吗？欢迎来到芝加哥半岛酒店。
（对页）
保持自我。
当感受到宾至如归，你将实现什么？当每一个期望都获得实现，生命的活力会带你到何方？贴心而温情、精致而脱俗、极致的关怀。欢迎来到香港半岛酒店。

我个人认为，广告最大的危害不在于误导大众，而是那些乏味的广告让人无聊至死。

李奥・贝纳，引自《百感交集：广告大师李奥・贝纳的100句名言》，纽约：McGraw-Hill，1965年出版，第18页

关于三菱汽车的广告：
为了争取我们的目标顾客，我们必须足够真诚。我们占据行业
的前沿，也敢于冒险，但我们不是为了这样做而做。我们的汽
车、我们的品牌，一切都是为了顾客的感官与体验。

乔治·奥尼尔（Greg O'Neill），三菱汽车北美销售总裁兼首席营运官，引自《创意》
（Creativity）杂志，2003年5月刊

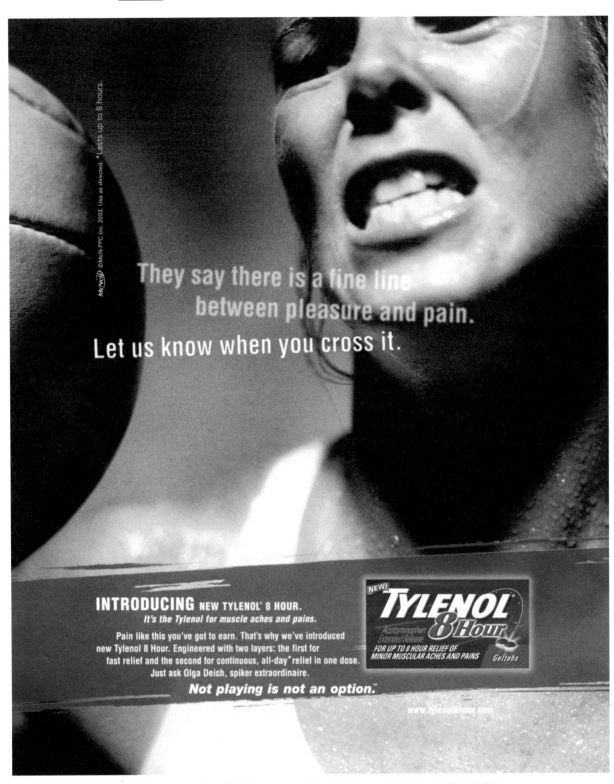

八小时泰诺：都说快乐与痛苦之间只有一条细微的界线......

一则广告声称"我了解你"，就必须将故事说得清楚、准确。任何的矛盾、误差，甚至一点点对事实的夸大都会被读者认为不够真诚。这里，文案不止表述精准到位（同时表达了坚韧与脆弱），并在底部用意想不到的批注增加了一层可靠性。

都说快乐与痛苦之间只有一条细微的界线，让我们知道你是何时穿越这条界线的。

泰诺专为肌肉拉伤和疼痛隆重推出的止痛片：新泰诺8小时止痛片。

受够了像这样的疼痛，为此我们推出8小时新泰诺止痛片。采用双层设计，第一层快速减轻疼痛，第二层持续缓解疼痛症状，让你一整天远离疼痛烦恼。杰出的沙滩排球运动员奥尔加·缇告诉你：摆脱疼痛，退赛将不是一种选择。

创意总监　　　Lee St. James
文案　　　　　Muffy Clarkson
美术指导　　　Hamish McArthur
摄影　　　　　Sandro, Sandro, Inc.
代理商　　　　Saatchi & Saatchi
客户　　　　　McNeil

品尝师之选：你的一天，你的选择

一则声称了解你的广告是否带有些许武断？如果它词肯意切、情感真挚，还带有一点幽默，则另当别论。这则广告的语调有点像一位朋友，他不仅了解潜在消费者所遭遇的一切，还分享了一种解决的方式。

创意总监	Richard Mahan
文案	John Sullivan
美术指导	Pieter de Koninck
摄影	Mark Laita
插图	Mark Busacca
代理商	McCann-Erickson
客户	Nestlé

你的一天，你的选择。
当然，生活有时被消磨得失去控制。"品尝师之选"以其醇香烘焙风味和浓郁的香味，让你轻松保持在巅峰一刻，让前进道路中的一切问题都迎刃而解。

许多着迷于光怪陆离的人厌烦神圣。

梅森·库利（Mason Cooley，1927–2002），美国警句家，引自《城市名言录》（*City Aphorisms*），纽约：Third Selection，1986年出版

广告是在你无法当面拜访某人时所做的一切，仅此而已。

费尔法克斯·科恩（Fairfax Cone），广告先驱、FCB创办人，引自詹姆斯·辛普生（James B. Simpson）著《当代名言录》（*Contemporary Quotations*），纽约宾汉顿：Vail-Ballou 出版社，1964年出版，第84页

WHAT YOU DREAM IS WHAT YOU GET

DESIGNED BY **ECCO** for use by:

AT&T
HTC
Orange
Oxygen
Microsoft
Siemens
T-Mobile
and others

E C
C O

ECCO Design
Strategic Product Innovation

New York
212.989.7373
info@eccoid.com
www.eccoid.com

ECCO设计公司：实现梦想
B-to-B与零售广告变得越来越难以区分。本广告用针对零
售消费者的口吻向潜在企业客户诉求，而购买的决定取决
于他们的梦想。另一方面撰稿人没有忘记他们在兜售什
么，一份优质客户清单令人想起一个古老的说词："近朱
者赤，近墨者黑。"

文案	Dev Patnaik
美术指导	Bryan Lee
创意总监	Eric Chan
摄影	Ken Skalski
代理商	ECCO Design
客户	ECCO Design

承诺，**承诺**

大约在250年前，塞缪尔·约翰逊发现了广告的实质就是承诺。时至今日一切仍未有所改变，虽然承诺的类型变得更为复杂。复杂的原因之一，就是各政府机构制定法规以遏止某些虚夸的广告，另一原因是竞争者在不断挑战承诺所带来的威胁，但最为重要的原因则来自于消费者本身。

消费者往往期待从产品或服务中获得超过客观利益的限制，人们期待的利益多数是所谓的"无形资产"。例如，人们期望汽车每一加仑油所行驶的距离比实际要长；每一份食品所产生的热量要比实际少；每集电视剧能制造出更多的笑声，等等。有些是合理的，甚至是可量化的，如排场与某些汽车的关联性。但有些则更为抽象，或涉及人类内心深处无法言喻的渴望。作为撰稿人，你有责任找到合适的词汇加以描述。

传统显性的承诺：
M&M's 巧克力：
只溶在口，不溶在手。
Avis 租车公司：
我们是第二，所以要比第一更努力。
Dial 香皂：
使用 Dial 令你开心吗？
想让大家一起开心吗？
佳洁士牙膏（Crest）：
看，妈妈，没有蛀牙！
克勒格大米咖哩（Rice Crispies）：
咬一口，干干脆。

过渡期承诺：
大众甲壳虫：
想想还是小的好！

现代抽象承诺：
IBM：
你看得见它吗？
英菲尼迪城市越野车（Infiniti S2UV）：
有口皆碑。
埃森哲：
创新成就未来。
Intel：
无线
旅游搜寻网站（Expedia.com）：
要旅游，更要去对地方。

承诺
一个人表达做或不做指定某事的保证，或一个明确的期待理由。

期望
对某事的盼望或预测，尤其是愉快的期望；对未来事件或形势的想象。

欲望
对某些带来快乐或满足事物的清楚感觉。

需求
当你认为你想要一种供给或从某些事物中得到缓解的状态。

承诺，大承诺，是广告的灵魂。

塞缪尔·约翰逊（Samuel Johnson, 1709–1784），英国作家与辞典编纂者，引自《懒汉》（*The Idler*），伦敦《环球记事》（*Universal Chronicle*）第40卷，1759年1月20日出版；再版于W.J.贝特（W. J. Bate）等编辑的《塞缪尔·约翰逊作品集》（*Works of Samuel Johnson*），纽黑文耶鲁版，第二卷，1963年出版

作出的承诺就是一份未偿还的债务，在这个游戏里自有它的荣辱与奖惩。

罗伯特·瑟韦斯（Robert W. Service, 1874–1958），英裔加拿大诗人，引自《山姆·麦吉的火葬》（*The Cremation of Sam McGee*），第33行，收录于玛格丽特·阿特伍德（Margaret Atwood）汇编的《新牛津加拿大英文诗集》（*New Oxford Book of Canadian Verse in English*），纽约：牛津大学出版社，1983年出版

最重的承诺往往出自于最少的言语。

引自乔治·查普曼（George Chapman）所译荷马著嘲讽史诗《蛙鼠大战》（*Homer's Batrachomyomachia—Hymns and Epigrams*）、赫西奥德著《工作与时日》（*Hesiod's Works & Days*）、穆塞奥斯著《英雄与利安德》（*Musæus's Hero & Leander*）、尤维纳利斯著《第五讽刺诗》（*Juvenal's Fifth Satire*），伦敦：John Russell Smith，1858年出版

与消费者讨论汽车，他们极少谈及汽车公司所谈到的事情。他们讨论的是他们想要通过汽车树立什么样的形象，哪一款更适合自己？

埃里克·赫什伯格（Eric Hirshberg），纽约Deutsch广告执行创意总监，引自《创意》杂志，2003年5月出版

西德意志银行：很壮观，不是吗？……
金融广告受到政府的严密监管，所能作的承诺
有限。标题中的对话是就财务表现而言，它更
多展现了一种结果而非承诺，语言如同他们一
贯的谨慎表现——普通平常，却说了人们想听
到的东西。整个过程的语调始终稳健而自信。

*"很壮观，不是吗？" "是的，这就是我们所
说的突出表现。"*
从专业的角度出发，西德意志银行永远是你可
以信赖的依靠。潜心钻研银行专业领域，与我
们合作，你将取得非同凡响的前景。

代理商　　Ogilvy & Mather GmbH & Co. KG
客户　　　WestLB AG

**对事事都作承诺的人一定不能兑现万一。承诺太多的人会挺而
走险，不择手段地去履行，就此走上一条不归之路。**

卡尔·古斯塔夫·荣格（Carl Gustav Jung，1875–1961），瑞士精神病学家，引自《大难
之后》（*After the Catastrophe*）（1945），收录于威廉·麦克盖德（William McGuide）
编《荣格作品集：转型中的文明》（*The Collected Works of C. G. Jung: Civilization in
Transition*）（波林根系列第二十卷），美国：普林斯顿大学出版社，1970年出版，第10
辑，第413段

永远不要作不能履行的诺言。

普布利乌斯·西鲁斯（Publius Syrus，公元前42年），罗马奴隶，引自D. 莱
曼（D. Lyman）所译的《普布利·西鲁斯道德语录》（*The Moral Sayings
of Publius Syrus*），美国俄亥俄州克利夫兰：L.E. Bernard & Co.，1856年
出版，第528条格言

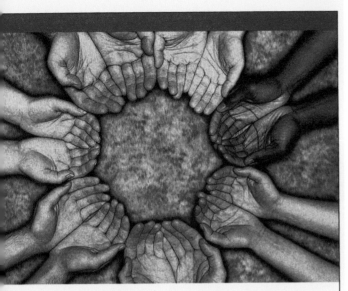

Rackspace：我们为你的主机托管提供……

面对今天，标题中使用"强烈"（fanatical）这个词有点儿好奇，大多数公司都会避之唯恐不及，而广告主却欣然接受它的蕴意。"强烈"不只是一个源自词库的词汇，它精确地阐释了对客户服务的承诺。事实上，广告主对"强烈支持"（Fanatical Support）感受极其强大而有力，甚至将其注册为商标。

承蒙Rackspace支持，特此致谢！

我们为你的主机托管提供强烈的支持。
太多的公司认为客户服务是无妄之灾。在Rackspace，我们提供给客户的是竞争优势。我们关心并理解保持你业务顺畅的重要性。这是"强烈支持"的起点。
"强烈支持"不只是简单地为客户解决问题。"强烈支持"拥有专业三级技术团队，而不是自动语音系统，一天24小时接听你的来电。这是一个集系统、网络和安全工程师为一体的团队，他们随时准备响应你的支持需求。"强烈支持"包含上述的一切，还有更多你想不到的。

冠群电脑：450 台服务器……

如果撰稿人不了解目标顾客的问题所在，广告所作的承诺是没有意义的。这也是之所以该文案撰稿人用大篇幅详尽准确地证明他对潜在顾客需求的理解。结果是，读者自然而然地相信广告主将会信守对这些解决方案的承诺。

创意总监／文案　　　David Dircks
助理创意总监／美指　　Laura Caggiano
客户经理　　　　　　Rob Dircks
摄影　　　　　　　The Image Bank, Getty Images
代理商　　　　　　Dircks Associates
客户　　　　　　　Computer Associates

450 台服务器，12个存储平台，3个操作系统，27个夜间备份计划，只需一个办公软件。
你在开夜车，而这是你的存储网络。唯一比你存储需求膨胀更快速的是你的存储问题。解决方案是什么？BrightStor™ Portal，这是一个企业范围内存储软件的突破性成果，提供了一种单点管理手段。
BrightStor™ Portal是一个灵活、可扩展的平台，操作简单，从根本上简化了跨越多种协议和多种供应商硬件环境的存储资源管理，使你能在任何时间、任何地点解决任何问题。深入行业关键信息，每天24小时帮助你简化操作，让生产力的提高和成本效率最大化遍布你的公司。嗨，越来越多的问题都尽在掌握，你尽可高枕无忧。

承诺是人类计划未来的一种独特方式，目的在于使人力可及范围内的未来变得更具可预测性与可靠性。

汉娜·阿伦特（Hannah Arendt, 1906–1975），美国政治哲学家，引自"论公民的不服从"收录于《共和危机》、《公民的不服从性》、《论暴力》、《政治之思》、《论革命》等，纽约：Harcourt Brace Jovanovich，1972年出版

BE GENTLE

I WILL

Coming soon: clothes that talk to washing machines. Because nobody likes a shrunken sweater. More intelligence at motorola.com

intelligence ● everywhere

MOTOROLA.com

Motorola：家电广告

技术绝不是一件简单的事，影响无疑是深远的。但是在一个习惯失信的行业里，少说就等于信用。读者偷听两个物体之间的对话这一创意既有趣又提供了相应的信息。这些广告的对象为消费者、制造商，甚至政府工作人员。主题为我们共同的未来。试想有谁不愿意成为对话的一份子呢？

创意总监	Bill Oberlander, Dan Burrier
美术指导	Jeff Curry, John LaMacchia
文案	Jeff O'Keefe, Andrea Sinert
摄影	James Day
制作	Leslie D'Acri
代理商	Ogilvy NY
客户	Motorola

要柔软。
我会的。
即将上市：衣物与洗衣机的对话沟通，因为没有人喜欢缩水的毛衣。
（对页）
变质了。
我知道。
即将上市：冰箱将知道牛奶何时变质，并为你追加订购，确保早餐享用。

在关键时刻，高乃依作品里的女主角对着自己仍然爱着的杀父仇人罗德里戈（Rodrigue）所用双重否定以示肯定的语句：走吧，我恨你不走（Va, je ne te hais point.），是被经常引用的含蓄陈述。

皮埃尔·高乃依（Pierre Corneille，1606–1884），法国剧作家，引自《熙德》中施曼娜的台词，巴黎：Larousse，1965年演出，第3幕，第4场

谈论自己也是一种隐藏自己的手段。

弗里德里希·尼采（Friedrich Nietzsche，1844–1900），德国哲学家，引自马蒂·格罗斯博士（Dr Mardy Grothe）著《矛盾修辞法：史上最伟大的语言大师的机智与智慧》（Oxymoronica: Paradoxical wit and wisdom from history's greatest wordsmiths），纽约：HarperResource，2004年出版

"消费文化"是指深受无所不在的广告所影响的文化，广告的经营渗透人类生活的各个领域，包括自我形象与身份识别。

桑德拉·拉菲弗（Sandra LaFave），引自《马克思主义与消费文化批判》（Marxism and its Critique of Consumer Culture），课堂大纲与指导，美国加州萨拉托加西谷学院（West Valley College）

轻描淡写*，
或**大**创**意简化**

轻描淡写式文案可以坦率直述，也可以适当稍作发挥，但是总体上还是朴实无华的。

轻描淡写式文案既不展示产品的优越性，也不用标题来作噱头或公布某一时效性的特讯。轻描淡写的文案方式本身并没有一定的压力，可以使文案专注于信息传播上。它最大的优点是，允许你以简单、诚实及更重要的——礼貌的方式讲述广告主的故事。
（译注：原文Understatement有含蓄描述、重事轻说、轻描淡写、保守的陈述、少说等意思。）

轻描淡写是一种极其常用的文案手法，它可以用于以下状况：
1. 当你不想大张旗鼓地作出承诺时；
2. 当你无需特地去传播你的信息时；
3. 当要求读者用一种意想不到的方式去思考问题时。

成功运用轻描淡写需要：
1. 对产品及承诺有信心；
2. 有勇气作出取舍；
3. 相信文案能够说出你的故事。

OUR CONTRIBUTION TO THE CULINARY ARTS:

Our side-to-side diverter button was designed for easier use, then aggressively tested by switching from stream to spray — 50,000 times.

Relentlessly scrubbed with over 100 household cleaners, our patented *Brilliance* Stainless finish is fully prepared to stand up to everyday use and abuse.

Our 59" metal hose is tested to endure twice the normal household water pressure, ensuring a strong, long-lasting hose.

For a free product catalog and faucet buyer's guide, as well as information on model 470-SS pictured here, call 1.800.345.DELTA (3358). Or visit www.deltafaucet.com/po.

◢ DELTA
Beautifully Engineered.™

WINDOW OFFICE

CORNER OFFICE

OVAL OFFICE

Allen Edmonds
For All Walks of Life™

Styles from business to casual, sizes 5-16 and widths AAA-EEE. Truly widest selection available. And with our Recrafting* process, they'll be r for a second term. For a catalog and dealer near you, call 1-800-235-allenedmonds

---

Delta：我们促进了烹饪艺术

这个谦虚的标题隐含着一个有趣的策略，即笼头不只是一个水管配件而是厨房设备。然而，如果过于强调则容易引来争辩。在没有令人信服主张的情况之下，如此中庸的诉求不失为一个合适的方法。尔后，正文中又罗列了系列产品重要的利益点，文案采用该语调是因为产品的销售对象为厨师，厨师们都喜欢厨房设备与器具。

创意总监	Cindy Sikorski
文案	Cristina Lorenzetti
美术指导	Bill Biliti
客户经理	Chris Adams
制作	Craig Rinkel
代理商	Campbell-Ewald Advertising
客户	Delta Faucet

Allen-Edmonds：职员办公室、主管办公室、总统办公室

纽约Ogilvy & Mather创意总监比尔·奥伯兰德尔（Bill Oberlander）曾经说过："抓住眼球，然后抓住心，接着便是大脑。"这或许便是时装广告鲜有妙语的原因。但本文案不止精妙，还传递了海量讯息。针对素有鞋文化涵养的绅士们，广告中纵论甚多。至于那些不甚了解鞋子穿着艺术的年轻男士们，则像一位同事以资深顾问的果断口吻与语调，提供了宝贵的意见。

资深执行创意总监	Mike Bednar
资深美术指导	Matt Herrmann
资深文案	Sandy DerHovsepian
代理商	Cramer-Krasselt
客户	Allen-Edmonds

职员办公室、主管办公室、总统办公室。
从商务款到休闲款，尺码5-16，宽度AAA-EEE，一应俱全。
真正意义上最大范围的选择度。我们的改款工艺部，随时期待你的再次光临。我们的产品型录和经销商就在你身边。

简单、简单、再简单！我是说，让你要处理事情控制在两三件，而非成百上千、百万千万，最好是用你的大拇指甲即可记录完毕。

亨利·大卫·梭罗，美国哲学家、作家、自然主义者，引自《瓦尔登湖》，波士顿：Ticknor and Fields，1854年出版

简单是一位严厉的监督者。

梅森·库利，美国警句家，引自《城市格言录》，纽约：Ninth Selection，1992年出版

PERFECT FOR RUGBY MOMS.

THE NEW H2. **HUMMER** LIKE NOTHING ELSE.™　　　HUMMER.COM

Vehicle shown $50,545. Tax, title, license and other optional equipment extra. 1.800.REAL.4WD © General Motors Corporation, 2003. HUMMER and the vehicle's grille design are registered trademarks of GM Corporation.

悍马：橄榄球妈妈的完美之选
这辆车很是惹人瞩目。低调人士拒绝入主此车。文案运用了巧妙的嘲弄手法软化潜在客户的抵抗力。广告传递的讯息表明，此车无非是一辆更大更粗犷的城市休旅车罢了。文案以友善、轻巧的方式陈述其观点，在保持其原有品牌形象的同时，将目标市场延伸至女性顾客。

创意总监	Lance Jensen, Gary Koepke
美术指导	Will Uronis
文案	Shane Hutton
摄影	Tim Simmons
代理商	Modernista!
客户	HUMMER (Div GM)

简单是一种后天习得的品位。人类不由自主、本能地倾向于将生活复杂化。

凯瑟琳·弗勒顿·杰罗（Katharine Fullerton Gerould，1879–1944），美国作家，引自《模式与道德》（*Modes and Morals*），纽约：Charles Scribner's Sons，1920年出版，第三章

好广告建立在强大的概念之上，并持续不断地向恰当的受众灌输。

汤姆·墨菲（Tom Murphy），前纽约J. Walter Thompson and Bozell文案兼创意总监告诉本书作者

轻描淡写并不意味着就是平淡。

简单从不简单。

轻描淡写会创造一种诚实的错觉。

说话轻柔点。

93

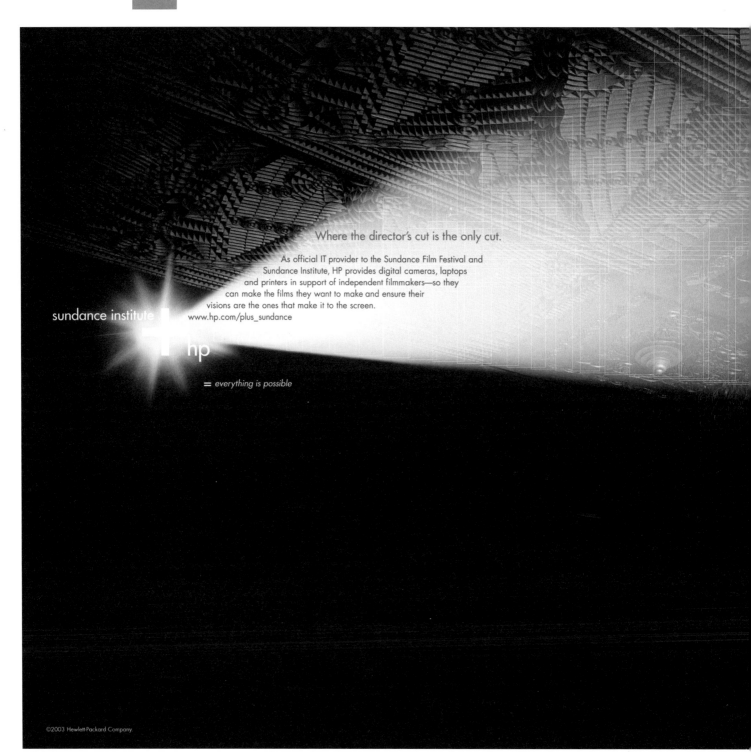

Where the director's cut is the only cut.

As official IT provider to the Sundance Film Festival and
Sundance Institute, HP provides digital cameras, laptops
and printers in support of independent filmmakers—so they
can make the films they want to make and ensure their
visions are the ones that make it to the screen.
www.hp.com/plus_sundance

sundance institute + hp

= *everything is possible*

©2003 Hewlett-Packard Company.

惠普：导演的剪辑是唯一的剪辑
小部分潜在客户会阅读广告中有关产品描述。
无论如何，它总归与品牌有关，所以这则广告
的构想是指名道姓。文案阐述了这种关系：惠
普是那些有远见的公司会选择的合作伙伴。一
个带给读者再清楚不过的邀请：成为公式的一
部分。

导演的剪辑是唯一的剪辑。
作为圣丹斯电影节和圣丹斯协会官方信息技术提供者，惠
普为独立电影制作人提供数码相机、笔记本电脑和印表机
——这样他们就可以制作自己的电影并确保每一个画面都
在银幕上放映。

创意总监	Steve Luker, Steve Simpson
助理创意总监	John Norman
文案	Steve Simpson
美术指导	Hunter Hindman
素材采购 / 印刷制作	Margaret Brett-Kearns
代理商	Goodby, Silverstein & Partners
客户	Hewlett Packard (hp)

我拍了一个电报给俱乐部："请接受我的注销会员申请，
我不想成为任何会接受我成为会员的俱乐部的一员。"

格劳乔·马克思（Groucho Marx，1890–1977），美国喜剧演员

加入**我们**

人们普遍相信在法律、设计分享、相似制造技术及通用包装的共同作用下极具意义的品牌差异被消除。即便如此，文案撰稿人的任务还是没有改变，他们仍然得用文字说服消费者购买广告主的产品。

一种日益受到欢迎的解决方案可应对这一左右为难的困境：说服潜在顾客购买指定产品可以成为某一专属"俱乐部"的会员。

与其说"俱乐部"是一种销售工具，不如说是一份邀请：

1. "俱乐部"含有字面意义与引申意义；
2. 以年轻人为受众目标，大多数以"俱乐部"为诉求点的广告，归属感明显大于功能性；
3. 不局限于年轻人，今天大多数成功品牌的定位都诉之于"独特性"而非"排他性"。

三星的标语为："三星数码欢迎你"，它旨在试图挑起人们内心深处的兴趣。这种方式与加强品牌形象广告不同，一个邀约广告通常说："不只是你时髦，你的世界会更精彩。"

所谓"俱乐部"更多指"独特性"而非"排他性"。

"俱乐部"具有字面意义与引申意义。

要不想让政府法规妨碍你，顺势而为。

广告总是与品牌有关。

切尔西码头运动中心：属于你的运动空间系列
当你提笔之时，思考要超越那些看得见的东西。纽约市切尔西码头运动中心的健身房决不止关于身体，它还是一个放松心灵的地方。对一个到处都是健身俱乐部的城市而言，私人空间的吸引力毋庸置疑。故该文案以"属于你的空间"引诱读者。

创意总监	Mark Trippetti
文案	Norm Magnusson
美术指导	Liza Giorsetti
代理商	TURF
客户	Chelsea Piers Sports Center

竞技空间/休闲空间/塑身空间
属于你的运动空间就在纽约极限健身俱乐部。

俱乐部的正确规则应该是：拒绝任何拒绝任一话题的人；要求人们对任何事情都不感到意外或震惊；让人做想做的事情，且听之任之；不拘小节，了解稳定价值，视大多数事情为理所当然。

拉尔夫·沃尔多·爱默生（Ralph Waldo Emerson，1803–1882），美国散文家、诗人与哲学家，引自"俱乐部"（Clubs）收录于《社会与孤独》（*Society and Solitude*），波士顿：Houghton, Mifflin & Co.,1870年出版

work
room

There's space for you
at New York's ultimate health club, The Sports Center.
Chelsea Piers, Pier 60, 23rd Street and the Hudson River.
Call 212.336.6000 to join.

SPORTS CENTER
CHELSEA PIERS

心无念，百花引飞蝶。
心无念，飞蝶恋百花。

引自《一袍一钵：良宽禅诗》（*One Robe, One Bowl: The Zen Poetry of Ryokan*），
纽约：Weatherhill，1977年出版

Introducing Aquos, inspiring flat-panel, liquid crystal television. Crystal-clear image quality. Outstanding brightness. And a screen that's merely 2.5 inches thin. Aquos by Sharp. It's what TV will be. sharp-usa.com

夏普：神采飞扬
这是为新的电视做广告？或许是吸引你停下来比较、思考和讨论，还是仅仅作为一则广告？这里用一种很可爱的方式说"买吧"，因为你所要买的东西超越了产品本身。不要被画面中的儿童所欺骗，它是写给那些有智慧的成人——生活在简洁、清爽、快乐的夏普世界的男男女女。

文案　　　　　Paul Bernasconi
美术指导　　　Damian Totman
代理商　　　　Oasis Advertising
客户　　　　　Sharp Electronics

关于该公司为其大众汽车所作的"招募驾驶员"广告：
我们的受众很有自知之明。我们也是，我们为那些不想加入俱乐部的人创办了一个俱乐部。
罗恩·拉夫纳（Ron Lawner），Arnold Worldwide执行创意总监，引自《创意》杂志，2003年5月刊

America's Best Warranty'
10-Year/100,000-Mile
Powertrain Protection

5-Year/60,000-Mile
Bumper-to-Bumper Coverage

5-Year/Unlimited Miles
24-hr. Roadside Assistance

When beef jerky is breakfast

When the road opens wide

And snake farms get visited

When the view out the window is better than any TV show

And there's room enough to grow closer

When the car itself is a fun part of your road trip, you win.

The 2003 Hyundai Sonata LX

Leather seating surfaces. 2.7-liter, DOHC, V6 engine.

Dual front and front side-impact airbags.

America's Best Warranty.™ All standard.

$19,074'

[hyundaiUSA.com]

现代汽车："汽车长途旅行"2003款索纳塔 LX

"汽车长途旅行"（Road Trip）并非原创，但却很经典。此处它还只是个起点，汽车长途旅行是一桩辛苦的事情，却鲜少被提及。所以，广告中还谈到保修事宜。这样，它告诉读者，这不只是一次美妙的旅行，而是多年道路行使经验的汇总。

文案	David Canright
美术指导	Lynda Hodge
摄影	Florian Geiss
印刷制作	Pam Zmud
代理商	The Richards Group
客户	Hyundai Motor America

当早餐享用牛肉干，
当前路宽阔无垠，
当野性的世界突然造访，
当窗外的景色更胜电视秀，
还有充足的空间让我们亲密无间，
当汽车本身就是你旅途乐趣的一部分，
享受成功。
现代索纳塔 LX 2003
皮质座椅，2.7L DHC V6发动机；
双驾驶座及安全气囊；
全美最好的车险；所有一切均为标准配备。
$19,074

广告是向成人销售"奶油蛋糕*"。

唐纳德·万斯（Donald R. Vance），美国学者，关于马萨诸塞州纳提克大陆
面包店（Continental Bakery）生产涂有巧克力的甜点
（译注：原文 twinkies 兼有"奶油蛋糕"与"短暂的享受"之意）

350 hours/year having sex.
420 looking for parking.

What's wrong with this picture?

zipcar®
wheels when you want them™

Get $50 driving credit when you join
online at zipcar.com (866-4 Zipcar)*

Reserve by hour　Cars nearby　Unlock　Drive!

*refer to
promotion
code TO2

认真游戏

不管怎样，销售是一件严肃的事情。

广告公司期待文案撰稿人的作品可以驱使消费
者前往产品展示厅、超市、商场，或拨打免费
购物电话、登录网站。世上不缺商品或商品供
应商，缺少的是让人去购物的真正理由。

即便如此，文案撰稿人还得设法让收款机转个
不停。作为撰稿人你将会见识无数煌煌巨作。

如何让读者保持关注：
1. 装作对产品漠不关心；
2. 冒险讲一个笑话；
3. 抛弃惯例；
4. 给出好处；
5. 不要太乏味；
6. 挑逗读者；
7. 引诱读者。

认真游戏需要：
1. 尊重读者的智商；
2. 敢冒险；
3. 挑衅；
4. 幽默感；
5. 适时自嘲。

曾经有太多规则，人们习惯去遵守。

"认真"与"游戏"并不一定对立。

放松。

敢玩冒险游戏。

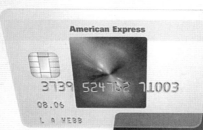

BLUE FROM AMERICAN EXPRESS®
PAY OVER TIME | FREE REWARDS PROGRAM | NO ANNUAL FEE

FORWARD ►

American Express

3739 524762 71003
08.06
L A WEBB

OTHER
CARDS ARE
SO OPAQUE.

© 2003 American Express Company. Enrollment required. There is no annual fee for the Blue rewards program. Terms and conditions apply.

CALL 1 800 600 BLUE

美国运通：其它信用卡如此不透明
通常未说出口的话最具说服力。当产品的优点并不特别突
出的时候，要寻找其它途径与读者沟通。此处，拿竞争者
的收费开涮岂止为博读者一笑，它清楚地带出一个这样的
事实："我们知道什么对你才是重要的，其他人根本做不
到。"如果读者明白这个双关语，就有可能想要这张卡。

创意总监	Fred Lind
文案	Brad Mislow
美术指导	Julie Eyerman
代理商	Ogilvy & Mather
客户	American Express

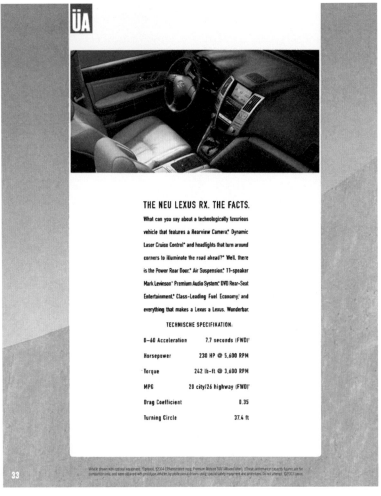

THE NEU LEXUS RX. THE FACTS.

What can you say about a technologically luxurious vehicle that features a Rearview Camera,* Dynamic Laser Cruise Control* and headlights that turn around corners to illuminate the road ahead?* Well, there is the Power Rear Door,* Air Suspension,* 11-speaker Mark Levinson* Premium Audio System,* DVD Rear-Seat Entertainment,* Class-Leading Fuel Economy,† and everything that makes a Lexus a Lexus. Wunderbar.

TECHNISCHE SPECIFIKATION:

0–60 Acceleration	7.7 seconds (FWD)†
Horsepower	230 HP @ 5,600 RPM
Torque	242 lb-ft @ 3,600 RPM
MPG	20 city/26 highway (FWD)†
Drag Coefficient	0.35
Turning Circle	37.4 ft

33

雷克萨斯汽车：有关汽车
你没有必要非得在竞争的规则中竞争。反之，可以把玩规则，就像雷克萨斯汽车把玩这本杂志一样。这4P插页广告并没有罗列任何性能配置，也没有要求读者作比较或对照。相反，它以一种完全新颖的方式，引用"错误信息"来介绍汽车。在这个有着悠久嘲讽传统的行业里，使其主张显得更具说服力。

首席创意官	James Dalthorp
文案	Craig Crawford
美术指导	James Hendry
流程控管	Tracy Antonio, Brenda Cooksey
修图	Todd Roberson
印刷制作	Lisa Huber
客户经理	Shayne Globerson
摄影	R. J. Muna
代理商	Team One Advertising
客户	Lexus

（上左）
新雷克萨斯RX的一些数据。
当一辆高科技超豪华轿车配置了后视镜摄像头，你作何感想？动态镭射巡航控速和车前灯照亮前路的每一个角落。好极了，这里有电动掀背门系统、空气悬挂系统、Mark Levinson 11位扬声器、高级音响系统、后座DVD娱乐系统、领先的节能系统和一切使雷克萨斯之所以成为雷克萨斯的顶级配置。不可思议！
（技术数据从略）
（上右）
作为一名德国汽车行业记者，我一直以来都为我们在汽车行业的领先地位引以为豪——直到我第一次看到新雷克萨斯RX330，我立刻意识到新的焦点再一次出现了。我的记者职业始于斯图加特。用一个词描述230马力、3.3升、WT-I发动机，那就是"飞速"。一旦上了高速，我可以轻而易举达到180公里/小时。世界再一次得到警告！
——马提亚斯·穆恩奇（Mäthias Muench）

我要尽可能靠近边界而不越过它。在此，你得以窥见一切你处于中心位置所无法窥见的东西。
库尔特·冯内古特（Kurt Vonnegut），引自《钢琴演奏家》（Piano Player），纽约：Charles Scribner's Sons，1952年出版

听着，小艾利亚：将你的椅子拖到悬崖的边缘，我要给你讲个故事。

F. 斯科特·菲茨杰拉德，美国作家，引自"第N本记事本"（Notebook N）收录于埃德蒙·威尔逊（Edmund Wilson）编《奔溃》（*The Crack-Up*），1945年出版

Harley Earl was here.

Expressive styling is just one of the many legacies of America's greatest car designer.

All of which live on today at the car company where he hung his hat.

BUICK

THE SPIRIT OF AMERICAN STYLE™

The new 2003 Park Avenue® Ultra at buick.com.　©2002 GM Corp. All rights reserved.

别克：哈利·厄尔在此待过
念咒招魂唤出一个幽灵，标题上是一个鲜为人知的名字。抛出帽子以一种过时的形式提出挑战，这无疑会带来风险。但是，如果你确信你的产品可以接受挑战，那就去做吧。如果你认为这将激起人们的好奇心并想更进一步了解的话，不妨一试。有时你必须相信自己的直觉。顺便提一句，哈利·厄尔（Harley Earl）被誉为底特律的"达芬奇"，是通用汽车上世纪二十年代至五十年代凯迪拉克全盛时期的设计师。

执行创意总监	David Moore
创意总监	Mike Joiner
资深美术指导	John Beattie
广告行销经理	Michael Hand
代理商	McCann-Erickson Detroit
客户	Buick Motor Division

别克汽车广告及宣传部经理Michael Hand授权使用。

哈利·厄尔在此待过。
传神风格只是美国伟大汽车设计师众多遗产之一，也是所有汽车制造商今天赖以为生之所在。

规则若从未被违反过，则不再视之为规则。
梅森·库利，引自《城市名言录》，纽约：Third Selection，1986年出版

苏格兰皇家银行：少说
没有谁规定金融机构必须板着脸来讲述自己的
故事。但是，如果金钱缺乏趣味，为何意趣盎
然的金融广告并不欠缺效果呢？这是因为他们
摒弃了传统泛泛的承诺，选择讲述潜在消费者
所想要听的东西。

执行创意总监／文案	Simon Dicketts
美术指导	Fergus Flemming
平面设计	Rob Wilson, Simon Warden
摄影	Andy Green
代理商	M&C Saatchi
客户	Royal Bank of Scotland

玩笑不过是一种以愉悦的、非必要的、随意的行为来模仿或替
代严肃的、必要的、强制及困难的事实。

马克斯·弗里德兰德尔（Max J. Friedländer，1867–1958），德国艺术史学家，引自《艺术
与鉴赏》（On Art and Connoisseurship），伦敦：Bruno Cassirer，1942年出版，第三章

<u>新航：太空床，最宽敞的商务舱睡床</u>
画面上的女人不只是在旅行，而是在被运送。如果文案只是承诺床位更为舒适，则显得既普通又容易引发争议，而"太空床"（Space Bed）这一概念则意喻着完全不同的飞行体验。

创意总监　　　　　Gary Caulfield
资深美术指导　　　Paul Tilley
集团客户总监　　　Digby Richards
客户总监　　　　　Angelique Tan
全球代理商　　　　Batey Pte. Ltd., Singapore
美国代理商　　　　Hamon & Associates, Los Angeles
客户　　　　　　　Singapore Airlines

<u>太空床，最宽敞的商务舱睡床。</u>
体验空中最宽敞的商务舱舒适睡床。莱佛士舱为你提供全新级别的豪华享受，更宽敞的空间来工作、放松和睡眠。当然，你所享受的空乘服务，以至于令同行们也赞不绝口。

夸张与
夸大的艺术

夸张是一种言过其实或不切实际的陈述。

虽然它并非指字面意思，但是它可以强调你的某一观点。夸张是一种基于事实的想象而非虚构，运用夸张可以避开个人抵制的方法，况且人们往往乐于享受其中。

夸张是允许你夸大信息而不至于令读者摸不着头脑。你可以作夸大的表述而不被质疑是因为理智的人知道你不是在真正作出一个无法兑现的承诺。另外一个好处是：运用夸张的手法后，你可以淘汰使用最高级或不相干的形容词。

夸张让你以轻声细语作出大承诺。

夸张可以说得很温柔。

夸张可以间接表述。

夸张可以作出不会引起争议的声明。

夸张可以趣味盎然。

人人都在夸夸其谈。

在各种多变的环境中，风格成为公众获取信息的主要形式。

斯图尔特·尤恩（Stuart Ewen），引自《消费意向：当代文化下的政治风格》（*All Consuming Images: The Politics of Style in Contemporary Culture*）的"结束语"，纽约：Basic Books，1999年出版，第261页

说出全部事实，但要避免直述。成功在于迂回。

艾米莉·狄金森（Emily Dickinson，1830–1886），美国诗人，引自托马斯·约翰逊（Thomas H. Johnson）编《艾米莉·狄金森诗歌全集》（*The Complete Poems of Emily Dickinson*），波士顿：Little, Brown & Co.，1960年出版

WHOOSH

The world's fastest workgroup color printer has arrived.
The Xerox Phaser® 7300. You'd better hang on.
There's a new way to look at it.

Now color speeds through any office at 30 ppm. The Xerox Phaser® 7300 tabloid color printer beats all speed records for workgroup color printing.* And at 37 ppm black and white, it eliminates the need for multiple printers. You get consistent 2400-dpi color that's always bright, sharp and brilliant. The Phaser 7300 automatically selects the correct paper size for any job, up to 12 x 18. So experience a colorful flurry of productivity with the Phaser 7300. Or let your office soar with our full line of reliable, award-winning network printers by calling 1-800-362-6567 ext. 1910 or visiting xerox.com/officeprinting/bird1910

THE DOCUMENT COMPANY
XEROX.

*Based on rated print speed of workgroup printers in the $1,000–5,000 estimated retail price category.
© 2002 XEROX CORPORATION. All rights reserved. Xerox," The Document Company," Phaser" and There's a new way to look at it" are trademarks of XEROX CORPORATION.

<u>施乐：嗖⋯⋯世上最快的彩色工作组印表机到达</u>
你可以说"嗖"（Whoosh），为什么要说"快"（Fast）呢？撰稿人与读者均享受其中，一个爱写，一个爱读。这个拟声词的应用，是对你所要分享事实的一种夸张的表达方式。在技术上，速度是准入门槛。即便它没有令人特别兴奋，无论如何总是切题的，但是用"嗖"却可以随意发挥了（同见第133页）。

全球执行创意总监　　　Barry Hoffman
助理创意总监／文案　　Mike Macina
资深美术指导　　　　　Greg Elkin
摄影　　　　　　　　　Robert Ammirati
代理商　　　　　　　　Young & Rubicam Advertising
客户　　　　　　　　　Xerox Corporation

没有谁，哪怕雨水也没有如此小巧的手。

E. E. 卡明斯（E.E. Cummings，1894–1962），引自乔治·弗里马吉（George J. Frimage）编《1904–1962年诗歌全集》，纽约：Liveright，伦敦：W.W. Norton，1991年出版

ET'S BURN THE MAPS. Let's get lost. Let's turn right when we should rn left. Let's read fewer car ads and more travel ads. Let's not be back in ten inutes. Let's hold out until the next rest stop. Let's eat when hungry. Let's drink hen thirsty. Let's break routines, but not make a routine of it. **LET'S MOTOR.**™

MINI COOPER

Mini Cooper：烧掉地图

这不只是一则广告，它更是一个宣言。它没有描述生活，
却主张了生活哲学；它也不只是一个讯息，而是一个鼓
励。当品牌具有独特性时，文案发挥得更自由，关键是要
有连贯性。作为一名撰稿人，一旦找对了路子，就要一直
走下去。

_烧掉地图。_让我们迷路。当需要左转的时候，让我们右转。少读
些汽车广告，多读些旅游广告。不要赶着在十分钟内回去。坚持
到下一个休息站。当感觉饥饿时才吃东西。当感觉口渴时才喝
水。打破常规，但并不以此为常规。开车吧。

创意总监　　　　Alex Bogusky
助理创意总监　　Andrew Keller
文案　　　　　　Ari Merkin, Steve O'Connell
美术指导　　　　Mark Taylor
摄影　　　　　　Daniel Hartz
代理商　　　　　Crispin Porter + Bogusky
　　　　　　　　(Creative Dept Coordinator Veronica Padilla)
客户　　　　　　Mini

夸张！有没有任何一种美德被赋予人却毫无夸张？有没有任何一种恶习不
被无限夸大？难道不是我们夸大自己，或者我们是否还能认清自己真实的
样子？我们不都是大人物吗？然而，事实上我们有何值得一提？我们以夸
张为生。

亨利·大卫·梭罗，美国哲学家、作家、自然学家，引自"论托马斯·卡莱尔和他的作品"收录于《亨利·大
卫·梭罗作品集》，波士顿：Houghton Mifflin Company，1906年出版，第四卷

Steelcase：不知道创意诞生于何处……

家具是作为工作空间的服务者、孵化器、解救者。虽然广告主制造桌子、椅子及隔墙，但本广告所推销的却是协同运作、创造性、生产力。是不是有点夸大了？没错，但是这种方法已被汽车制造商、电脑公司、牛仔裤设计师使用经年。

代理商　　　Martin Williams
客户　　　　Steelcase, Inc.

图片由Stellcase Inc.提供，特此致谢！

你的办公室设计可以帮助好创意走出这扇门吗？
在当今的经济形势下，创新是生存的关键。所以，好创意来自哪里？调查表明，80%的创新是沟通的直接结果——简单地彼此交流。很不幸地，大多数的工作环境不支持这种非正式的沟通方式。Pathways工作环境可以实现。不同于传统意义上的办公室家具，Pathways是一个完整的产品型录，包括从墙壁、地板到家具和电力设备，布线和其它技术工具。所有这些设计都围绕着深入理解人们怎样工作、相处以及合作。配合周详的规划，Pathways工作环境能帮助你更好地交流和创新。事实上，它能解放你的整个团队，提高他们的工作效率。
不知道创意诞生于何处，只知道再也不可坐以待毙。
一个简单的创意可以改变整个世界。但首先，它必须经过办公室的严酷考验。在Pathways工作环境，隔音墙被拆除，取而代之的是通道：为了更好地思考、沟通与工作。

人们读文案，也读坏文案。

雷·沃纳（Ray Werner），曾任Ketchum创意总监、Werner Chepelsky & Partners主席与联合创意总监及Bozell和Pittsburgh的总经理告诉本书作者

悍马：当行星撞击地球、文明土崩瓦解，就是你大显身手之时

这篇文案没有任何意义。嗯……也许具有绝对的意义。事实上，障碍越大、威胁越大，而信息也就更真实。你接受夸张的程度有多大？想要多大就有多大，前提是得忠实于品牌或符合品牌个性。

创意总监	Lance Jensen, Gary Koepke
美术指导	Will Uronis
文案	Shane Hutton
摄影	Tim Simmons
代理商	Modernista!
客户	HUMMER (Div GM)

索尼：清新

更保真、更清晰、更清楚的声音像是老生常谈，但是"清新"（fresh）音乐这一说词独一无二，它是否具有意义则另当别论。文案帮助潜在消费者想象新技术所呈现的神奇的声音。一切都因难以置信而变得真实可信。

文案	Corey Rakowsky
美术指导	Kleber Menezes
摄影	2A Photography
代理商	Young & Rubicam
客户	Sony

现在，滚石唱片听起来无与伦比地清新——感谢超级音频光盘（Super Audio CD）令人难以置信的效果。前所未有地，阿布科唱片（ABKCO）旗下的滚石乐队（The Rolling Stones）翻唱系列通过直流数码录音技术，录制成22张混合超级音频光盘的经典唱片专辑。这种音频技术将带给你的耳朵一种全新的质感、层次和声音。没有什么像索尼ES集成数码A/V组件一样，让音乐如此生动。你将听到最真实的滚石乐队，天然、纯正、清新。

夸张存在于所有事物的过程中，自然在给世界带来生物和人类之余，总是在恰好之处额外多加点小东西。

拉尔夫·瓦尔多·爱默生，美国散文学家、诗人、哲学家，引自"论自然"，收录于《散文集》（*Essays*）（第二卷），波士顿：J. Munroe & Co.，1844年出版

Once you drive one, there's no turning back.

Ahh, marriage. An agreement to spend your lives together. So what's another hour or two apart? Especially when spent in the E 500 Sedan with its 5-liter V-8 engine. Hey, Mr. Right will understand that the allure is almost impossible to resist. Call 1-800-FOR-MERCEDES or visit us at MBUSA.com. **The E-Class. Experience. Unlike any other.**

Mercedes-Benz

奔驰："婚礼"篇

一旦上车，就不能掉头。
如果你的文案真的具有煽动性，读者就会无意识地作出响应。那句"在圣坛前被甩掉"的老话有了新解，因为这次被抛弃的人是新郎。这是一个极具现代性的创意，内文中定义婚姻"协议"的同时也表示时代已经改变了。一切都是戏谑，但戏语含真（同见第16、54页）。

创意总监　　　　　　Andy Hirsch
文案　　　　　　　　Jeff Vinick
美术指导　　　　　　Mike Rosen
摄影　　　　　　　　Wedding scene courtesy of
　　　　　　　　　　Corbis/Car by Tim Damon
代理商　　　　　　　Merkley + Partners New York
客户　　　　　　　　Mercedes-Benz

图片由美国奔驰公司提供，特此致谢！

一旦上车，就不能掉头。
哦！婚礼。一个共度此生的协定。那么，分开一两个小时算什么？特别是当和拥有5L V8发动机的E500座驾一起。嘿！真命天子会理解的，这个诱惑难以抗拒。E-Class。体验，非同凡响。

听到高兴的话我就伤心。

纪尧姆·阿波利奈尔（Guillaume Apollinaire，1880–1918），法国诗人

大品牌从不在自我身份认知上妥协，所以事关广告说辞："这就是我，我就是如此。要么选择我，要么放弃。"

辛迪·盖洛普（Cindy Gallop），Bartle Bogle Hegarty 广告公司，纽约市，引自《印刷》（Print）杂志，2003年出版，第五十七期

三星：全数码的诱惑
有些文字让人不自觉地产生回应。
当人们读到这些文字时，大脑可能
会朝着一个预设的方向思考。此标
题中由"数码"（digital）演变出
的创新词"全数码"（DigitAll）配
以"诱惑"（temptation）一词。
文案所要描述的承诺是："这台先
进的电视令你着迷"，但标题早就
让读者爱上它了。

创意总监 / 文案　　　Luke Bailey
创意总监 / 美术指导　Jim Mochnsky
代理商　　　　　　　Foote, Cone and Belding
　　　　　　　　　　Worldwide, New York
客户　　　　　　　　Samsung Electronics

感谢Samsung Electronics America, Inc.授权转载。

撩拨

人是容易被撩拨的。

也很轻易跳脱通常社会可接受的范畴，一些人总会因某事兴奋或动怒。

撩拨性的广告通常都不避讳出现一些性或政治的内容，例如Calvin Klein或贝纳通的广告。但是，有的也很粗鲁、庸俗，甚至触犯禁忌，其目的只为引起关注。但那些只会惹来怒气或尴尬笑容的广告极少能增加品牌的认知度，也很难激发消费者产生购买行动。

撩拨也可以很微妙。要了解受众，包括什么会引起他们迅速良好的反应，有时只是需要从原有的创意中衍生出新花样，或者可以用一句双关语，它如此容易错过以至于让读者怀疑你是有意为之。事实上，你往往得仔细思量什么才

是有效的撩拨，一如比尔·伯恩巴克撰写的大众甲壳虫的标语"想想还是小的好"，或者苹果的"非同凡想"。

什么时候撩拨适时？什么时候惹人生厌？

撩拨会提升品牌吸引力，还是让潜在消费者掉头走开？

神圣与亵渎仅有一线之隔。

性，只有在实际销售与性有关的东西时才行之有效。

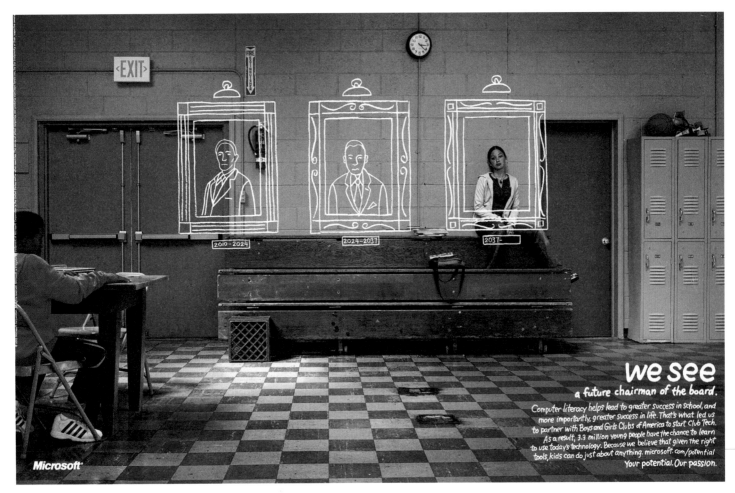

微软："男生、女生俱乐部"

显然，挑衅是一种引起读者注意的策略。但是在这则广告中，文案没有使用必要的高声叫嚷以挑衅读者。大多数人还是认为"董事会主席嘛，应该是一位男士"。当你挑战这一人们的预期——让一个女人坐上会议桌的主席位置时，你将成功地释放出读者强烈的情感。

执行创意总监 / 文案　　　Dante Lombardi
执行创意总监 / 美指　　　Walt Connelly, Ashley Reese
摄影　　　　　　　　　　Kiran Masters
代理商　　　　　　　　　McCann-Erickson SF
客户　　　　　　　　　　Microsoft (Contact: Peter Cohen)

我们看到董事会未来的主席。

电脑文化不仅在校园引领我们走向更大的成功，更重要的是，在生活中带来更伟大的成功。这促成我们联合美国"男生、女生俱乐部"开始组建高科技社团。因此，三百三十万年轻人有机会学习使用今天的技术，因为我们相信，赋予他们正确的科技，孩子可以完成任何事情。

观众会给到你所需的一切。他们告诉你，没有任何一个导演可以像观众一样指导你。

范妮·布莱斯（Fanny Brice，1891–1951），美国明星，引自诺曼·卡特科夫（Norman Katkov）著《不可思议的范妮》（*The Fabulous Fanny*），纽约：Alfred A. Knopf，1952年出版，第六章

绝对牌伏特加：绝对神圣
极少有办法可以比混淆神圣与亵渎之间的界线
更具刺激。此处的Absolut不再仅仅玩弄双关
语游戏，而是使用了诸如"神圣"、"精神"
及"献身"等来清楚地表达他们虔诚的信条。
"宽恕"这一词义在此语境中的理解并不困
难，广告是在教育读者保持信仰？

创意总监　　　Joseph Mazzaferro
美术指导　　　Andy Hall
代理商　　　　TBWA/Chiat/Day New York
客户　　　　　Absolut

绝对神圣
嗜酒如命者的两难境地：如何清洗一个瓶子，才能用来装灌
如此纯粹的精神？解决方案是：用绝对牌伏特加清洗，再灌
之以绝对牌伏特加。
我们献身于完美的Absolut。

对不起，我认为只有激怒一个人你才会得到最有效
的批评。严肃的真理与苦涩为伴。
亨利·大卫·梭罗，美国哲学家、作家、自然学家，引自B. 托利（B.
Torrey）和F. H. 艾伦（F. H. Allen）合编《日记》（第十四卷），1906年出
版，记录于1854年3月15日

It is safe to say that Mr. Green and his Fujifilm FinePix S602 Zoom Digital Camera are firmly planted in their 'green period.' With 3.1 million pixels, a 3rd Generation Super CCD and the versatility of both auto and manual focus, Mr. Green sacrifices nothing in creativity. Add to that a 6x Zoom and the ability to work in continuous shooting mode and it's easy to see why the FinePix S602 is the perfect partner for anyone who has the eye of a photographer. For some, it's sunsets. For others, it's grass. For information call 1-800-800-FUJI or go to fujifilm.com.

GET THE PICTURE

MR. GREEN GETS HOOKED ON GRASS.

©2002 Fuji Photo Film U.S.A., Inc.

🔳 **FUJIFILM**

富士胶卷：格林先生被草迷住了
具有天赋的业余玩家与发烧友是另外一个典型。但这则广告不是一份背书。广告主是一家以传统胶卷而非数码相机而出名的公司。这里看不见格林先生*（译注：Mr. Green，其英文字面意思也是指绿色先生）脸部，撰稿人做了一个有趣的选择——他将格林先生的图片放在文案中，可能是因为脸部部分被相机遮住，或者是广告公司的人不能确定什么样的面孔才能代表品牌价值。

文案　　　　　　Mark Bernath
美术指导　　　　Tom Godici
摄影　　　　　　Jake Chessum
代理商　　　　　Publicis
客户　　　　　　Fujifilm

格林先生被草迷住了。
毫不夸张地说，格林先生和他的富士胶卷FinePix S602变焦数码相机完全投入到了他们的"绿色时期"。拥有310万像素，第三代超级CCD并具备自动和手动调焦的多功能性，格林先生不会损失任何创造性。增加了6倍变焦和连续拍摄模式，显而易见，为什么FinePix S602能成为任何独具慧眼的摄影师们的完美伙伴。对于有些人来说，那会是日落；对其他人，那会是草地。

人脸**效应**

抽象的创意难以理解。

产品与服务合而为一，承诺来去匆匆。同时，人们对信息的期望值也越来越小。那么你将如何讲述一个故事？按照人的脸部来写也不失为一种方法。

不论采用直截了当的、理想化的，还是幽默的手法来描述，这种形式不同于常见的、或经常被嘲笑的"所有的妈妈"，以及那些生活片断式广告中的母亲。一张真实的脸庞会激发读者去想："我像这位女性。"或者："我渴望她的生活，因此这个产品也很适合我。"

此处，并非要读者将自己等同于广告中的脸，而是将广告代言人的特征与品牌结合起来。例如，坚毅、沉默的面孔适合演绎可靠、诚实的品牌。文案必须用紧凑、简洁的文字来讲述复杂的故事。作为创意团队的一份子，你也必须得考虑什么样的面孔在文案中最能具代表传播价值。

人脸具有如下功能：
1. 被视为一个原型；
2. 让抽象的概念具体化；
3. 有助于故事叙述；
4. 产生幽默；
5. 告知性与激励性。

一张恰当的脸可以建立亲密关系。

脸可以令想象变为真实。

代言人的脸可以转换为品牌形象。

除非是美容类广告，否则不需要用很漂亮的脸蛋。

Where to find a 200-year-old company.

杜邦：何处寻得一家二百年历史的公司

女性地位在上升，尤其是女性运动员，人们很难将视线从她们身上移开。这则广告为庆贺一家公司令人叹为观止的悠久岁月，然而，它不是一堂历史课。它邀请读者以分享未来。文案做到了，人物的脸孔亦然。这位女运动员勇往直前而不回望，广告主也是如此。

创意总监	Katie Peabody, Peter Barba Barbara Pandos
美国杜邦品牌经理 代理商	McCann-Erickson New York
客户	DuPont

何处寻得一家二百年历史的公司。
仅靠与时俱进，你没法成就一家拥有二百年历史的公司。你能获此成就是因为你引领时代步伐。随着像莱卡一样的探索发现，杜邦弹性纤维让游泳衣彻底改革，达到卓越的贴身性和自由的运动功能。在杜邦，我们骄傲地开始第三个世纪的创新研发，渗透任何领域，从喷气机到牛仔裤，从农作物到收银台。

You don't get to be a 200-year-old company by keeping up with the times. You do it by staying ahead of them. With discoveries like LYCRA®, the DuPont stretch fiber that revolutionized swimwear, with remarkable fit and freedom of movement. At DuPont, we're proud to begin our third century of innovation in everything from jets to jeans to crops to countertops.

www.dupont.com or 1-800-441-7515

The miracles of science®

虽然名人比我们闪亮耀眼，其实他们也非常像普通人。关于他们成功的全部故事可以概括为源自"大众"。
斯图尔特·尤恩，引自《消费意向：当代文化下的政治风格》，纽约：Basic Books，第五章，第94页

人类示范作用比确切的道德规范更鲜活也更具说服力。
丹尼尔·布尔斯廷（Daniel J. Boorstin，1914–2004），美国历史学家，普利策奖获得者，曾任1975–1987年美国国会图书馆馆长

ITT机械：ITT在美国灌溉土地超过
一千万英亩……
某些脸孔是具有象征性的。家庭农
场主不是本广告的目标受众。他出
现在此是因为这一稀缺角色在美国
人民心目中具有英雄般突出地位。
文案并没有提到卡车里的男人，但
讲述了广告主所想要讲述的故事。
读者会因为广告所描述的农民形象
而对品牌产生好感。

创意总监	Danny Gregory
文案	Phil Kann
美术指导	Guy Marino
摄影	Doug Menuez
代理商	Doremus
客户	ITT Industries

*ITT在美国灌溉土地超过一千万英亩。与此
同时，Ben Paulsen收割小麦超过一百五十
英亩。*
从缅因州到夏威夷，我们古尔兹制泵
（Goulds pumps）将水带到几乎一万六千平
方英里的土地上。或隐藏，或潜入水下，或
甚至埋在地下，这些机械心脏每天日以继夜
供给着这些生命线，足足超过一千万英亩的
农田。ITT相信科技是有形的。人们不需要
为我们的工程设计考虑太多。从另一方面而
言，他的效益覆盖了土地。

理智的人让自己适应世界，非理智的人则试图让世界适应自己。然而，一切进步都依靠
那些不理智的人。

乔治·萧伯纳（George Bernard Shaw，1856–1950），爱尔兰剧作家，引自"致革命者的箴言：理智"（Maxims for
Revolutionists: Reason）收录于《人与超人：喜剧与哲学》（*Man and Superman: A Comedy and a Philosophy*），伦敦：
A. Constable，1903年出版

广告是梦想的诠释者。

E. G. 怀特（E.G. White），美国作家与编辑，引自罗伯特·安德鲁斯
（Robert Andrews）的《哥伦比亚名言辞典》（*The Columbia Dictionary
of Quotations*），纽约：哥伦比亚大学出版社，1993年出版，第19页

大都会人寿：梦想应该传承给你的孩子……

有一种脸型极具戏剧效果。它以幽默来捕捉读者的注意力，同时弱化他们的抵触力。此标题听起来像是这个男人在说话。但是广告与屠夫没有什么关系，这只是一个创意表现。事实上，文案的任务是描述产品，让读者感到广告是专为他或她而写。

文案	Betsy Petropoulos
美术指导	Cynthia Herrli
素材采购	Grier Hynes
印刷制作	Vic Ferrarelli
客户经理	Gerald Siano
代理商	Young & Rubicam NY
客户	MetLife

大都会人寿保险授权转载。PEANUTS © United Feature Syndicate, Inc.

梦想应该传承给你的孩子，而非美国国税局。

资产规划 你一生的职业是什么？屠夫、面包师或是烛台匠，我们都希望将我们劳动的成果传承给我们的孩子。在大都会人寿，现在我们的咨询师能帮助你达成财务自由，并确信当那一刻到来，你的财产会根据你的意愿分配——属于你的家庭，而不是山姆大叔。

现在你必须得决定你想要给予自己的品牌什么"形象"。形象指的是个性，产品就像人一样也拥有个性，这些个性能使产品屹立于市场，也能使之毁灭。

大卫·奥格威，引自《奥格威谈广告》（Ogilvy on Advertising），纽约：Vintage Books，1985年出版，第14页

Strange things happen after a spill is contained.

It was only a small spill. The cleanup shouldn't have been a problem. There was time to make it right, but mistakes were made and things got out of hand. Suddenly a cleanup that should've cost $1000 is now more than five times that. And you did everything you were supposed to.

WQIS coverage and MPRG response insure that once a spill is contained the episode is over.

MPRG is WQIS' action arm in the field. When spills happen, MPRG is there for clients. The first 24 hours of a spill are the most critical. Within hours of notification, MPRG response experts are on the scene executing strategies to maximize the effectiveness of the cleanup and minimize costs.

Sail with Experience

WQIS："意外发生了"系列广告
不要以为你写的广告因为出现在行业出版物里，就会吸引专业人士来阅读。也不要想当然地以为人人都在聆听你的讲话。这一系列广告运动的文案写出了专业人士应该关注的真正理由，所陈述的内容亦令人信服并切题。

创意总监	James Connor, Robert Sawyer
文案	Robert Sawyer, Bryan Jenkins
美术指导	Bryan Jenkins
摄影	Professional Mariner Stock Photography
代理商	The James Group
客户	WQIS

意外事故发生在泄漏得到控制之后。
这只是一次小规模的泄漏。清理工作不成问题。就在将其解决时，却出了差错，事情开始不受控制。突然间，耗费1000美金的清理任务翻了五倍，而你已经竭尽所能。
WQIS保险范围和MPRG反应小组确保一旦泄漏受到控制，事故就此结束。
MPRG是WQIS的现场行动小组。当泄漏事故发生，MPRG会为客户随时待命。泄漏事故发生最初的24小时是最关键的时期。在接受通知的几小时内，MPRG现场反应专家将执行策略来最大化清理效率和最小化成本。
（对页左）
意外事故发生在能见度十英尺之内。
掌舵二十五年，超过六万小时的航行，成千上万吨的货物运送，当大雾滚滚而来时你仍然无能为力。除了船舶的损坏外，还有油箱漏油导致周遭水域的污染。此时，除了毁坏的船只还得支付数以千计的清洁费用。
WQIS海域污染保险防范于未然。
一旦事情出错，就会从霉运变成可怕的事故。这就是为何多数船主及业者选择WQIS购买海域污染保险。事实是，没有人比WQIS更具清理泄漏的经验，也没有人比WQIS提供更广泛的船运业保险范围。
（对页右）
意外事故发生在航道图比输油管道本身更陈旧之时。
地图上没有标明此处输油管道，但是漂浮在你下钻处的棕色液体告诉你那是错的。根据输油管道的大小，你能预计到成百上千加仑的石油将泄漏进这条水道。事实是你有一张地图也难辞其咎。
WQIS还有污染保险让你免于昂贵的惊吓。
一旦事情出错，就会从霉运变成可怕的事故。这就是为何多数船主及业者选择购买WQIS海域污染保险。事实是，没有人比WQIS更具清理泄漏的经验，也没有人比WQIS提供更广泛的船运业保险范围。

必须确定你所做的广告具有实质性，它的内容具有告知或服务消费者的功能，并且要确保你所说的方式其他人之前都没有用过。

威廉"比尔"·伯恩巴克，广告先驱，引自《比尔·伯恩巴克说》，纽约：DDB Needham Worldwide，1989年出版

能说**会道**

如果试图避免疏远某人或某地，文案会听起来极度客观；当撰稿人试着去回避规则与挑战时，他们通常就转而依靠常规性描述、空洞的承诺，以及泛泛而谈。这就是之所以有人，尤其是广告主惊呼："不再有人阅读文案了！"

当消费者日渐成熟时，他们的鉴别力亦随之而增。因而，向他们兜售产品也益发艰巨，除非这些产品正是他们所需要的。

因为消费者的空闲时间减少，而可供支配的收入在增加，他们只会凭着自己的意愿了解那些如营销人员所谓"影响他们生活"的产品或服务。这一信念催发了"消费者是主角"的萌芽，而产品则屈居于配角。

那么，如何为这些一心专注于扮演"他们自己电影中明星"的新消费者撰写文案呢？你得能说会道。

社交圈：曼哈顿是一座孤岛……

市场越是专业化，就会有更多细微差异。消费者利基越小，市场对其参与者的保护就越大。所以不要假装内行或置身于事外。这里的重点是真实可靠。"社交圈"（Social Circles）的目标人群是异性恋者，而"都市郊游"（Urban Outing）的目标人群则是男同性恋者。两个组织表面上完全不同，但都隶属于关联营销（Connect Marketing）与娱乐集团（Entertainment Group）。

文案	Jose de Lasa, Brian Stein
美术指导	Adi Ben Hur
代理商	In house
客户	Social Circles/Urban Outings

"Social Circles"和"Urban Outings"为关联营销与娱乐集团网络注册商标或品牌。

曼哈顿是一座孤岛，你不需要如此。

我们的社交圈拥有超过2200位爱好玩乐、充满好奇心的成功专业人士，而我们总是热衷于发现更多的伙伴。登录Social-Circles.com，我们每月提供超过60项社交活动。

（对页上）

既然你已经出柜，为何还要单独行动？

如果你想更多地了解纽约而不仅仅是切尔西，我们应该谈谈。我们是纽约首席活动和社交俱乐部，专门为男同性恋者设立。我们每月提供超过30项活动，拥有超过1000名来自世界各地的成员。从葡萄酒品尝到徒步旅行，从百老汇郊游到一日游，我们提供更多的社交接触，更少的酒吧交易。你已经去过酒吧，你也上过交友栏，是时候继续前进了——和有相同兴趣爱好的他相遇，在舒适的小组组合中享受乐趣，探索纽约能给与的一切。我们是都市郊游一族。

（对页下）

多一些社交接触，少一点酒吧交易。

厌倦了酒吧性交易？纽约社交俱乐部为男同性恋者提供超过30项活动，拥有超过1000名来自世界各地的成员。聚会、百老汇、体育运动、远游、晚宴，还有更多！

品牌是那些对他们的技艺富有激情、充满不可抑制的学习冲动的人们打造出来的独特的东西——不论是从调查研究或一次晚宴，亦或是策略宣言或一首歌。

丹·威登（Dan Wieden），W+K公司，引自创意名人堂出版杂志，第六期第二刊，主题"想想还是小的好"，2002年秋

你在和我说话吗？你在和我说话吗？

罗伯特·德尼罗（Robert De Niro），引自电影《计程车司机》（*Taxi Driver*），哥伦比亚电影公司1976年出品

突然间，IT变得性感。/ 这是一件美好的事情。
电子数据交换。咨询IT技术支持的最佳实践。一切都专门为服
装和消费品行业而创造。
为了提高你的订单完成率，降低退货率，提高运输速度并让你
的业务再次"性感"起来。

行话是一种令陈旧的东西翻新时尚的口头花招，它给创意带来一种新奇感
与似是而非的深刻意境。如果直接陈述，就会显得肤浅、陈旧、轻浮或虚
伪，使用行话之后，严肃与伪学识之间的界线容易变得模糊。

大卫·雷曼（David Lehman），引自"揭露档案检索系统"，收录于《时代的象征：解构主义和保罗，德曼
的垮台》（*Signs of the Times: Deconstruction and the Fall of Paul de Man*），纽约：Poseidon，1991年
出版，第三章

Beautiful business. Ugly practices.

There is an ugly underside to the fashion business. There's waste. Inefficiency. And a tendency to repeat costly errors.

Roundhouse has the solution. EDI processing. Best practices consulting. IT support. All created exclusively for the apparel and consumer products industry.

To raise your Order Fulfillment Rate, lower your Return Rate, increase Shipping Speed and do beautiful business, **Call Tony Lu at 212-244-8081.**

Schedule a Roundhouse Assessment and Action Plan. Call today and **save $1,000***.

*A Roundhouse Assessment and Action Plan costs $3,000. But schedule one by October 1st, and we will take $1,000 off the price.

we know the business.™

www.roundhousegroup.com

Roundhouse：“商业”系列广告
不要给读者想要的，而是给他们需要的。要了解这两者之间的差异，你得做点功课。你必须了解的不只是产品的全部，还有这个行业的全部。学会他们的行话，结识业内人士，更重要的是找到解决方案。

创意总监／文案　　Robert Sawyer
美术指导　　　　　Bryan Jenkins
摄影　　　　　　　Getty Images
代理商　　　　　　The James Group
客户　　　　　　　Roundhouse

美丽的事业，丑陋的实践。
这是时装业的阴暗面，浪费、效率低，以及一种重复昂贵错误的趋势。
Roundhouse自有解决之道。电子数据交换。咨询IT技术支持的最佳实践。一切都专门为服装和消费品行业而创造。
为了提高你的订单完成率，降低退货率，提高运输速度并让你的业务美丽起来。

Krups "Duothek" dual coffee maker. 10-cup carafes, two independent brewing systems for reg. or decaf, **your call.** optional infusion basket for tea. black or white. reg. $169.99 sale $149.99

Edgecraft Chef's Choice® Diamond Hone® knife sharpener. 2-stage, 100% diamond abrasives create razor sharp, double bevel edges. tip to bolster. $59.99 **very cutting edge**

round or oval wire baskets in non-corrosive silverplated finish. round 9.5"d, oval 7.5" x 11" **(yet practical)** each $12.00

from freezer to oven to table, Casa Stone by Casafina. **your casa, my casa, our casa.** coordinated colors, microwave and dishwasher safe. shown: 9-3/4"d pasta/pizza server $20.00, 2-1/2 qt. sq. open casserole $34.00, 15-3/4" oval platter $40.00

whatever your district, our garment rack holds, folds, and stores. commercial weight tubular chrome steel with heavy duty casters. expands 50" to 72" long by 66" high. sale $89.99

All-Clad multi-cooker. 12 qt. stainless steel stock pot, strainer insert and steamer basket. $99.99. **you'll be glad...**

16-piece European stemware set. 8 white wine, 8 red wine, gift boxed with handle. sale $24.99 **I'll drink to that**

8 oz. Wine-Away, instant red wine stain remover, $7.99. 8 oz. Weiman Wax Away, candle wax remover, $6.99. 18 oz. Hagerty Silver Foam, for flatware and serving pieces, $9.99. **out darn spot!**

Bron mandoline with slicing and julienne blades. stainless steel construction, stand and fingerguard included. **everyone's favorite** reg. $139 sale $99.99

All-Clad roaster set includes bonus oven mitts and rack ($41 value). polished stainless steel. 16" x 13" x 3". total value $301, special purchase $199.99. **they'll be glad you chose All-Clad**

Porto-Top 48" table extender. enables 8 to sit at table for 4. black vinyl over hardboard. sale $39.99 **who has 8 friends?**

gobble.

[looking for the place to indulge your appetite for a good bargain?]

warm your plate, titillate your palate. our plate warmer warms up to 10 plates right at the dinner table. sale $34.99

warming trays as sleek **as the Museum of Modern Art** selected for its contemporary style. easy to clean, adjustable thermostat, and hot spot 40° warmer than surrounding surface. by Maxim. 21" x 11-3/4" sale $54.99, 28" x 12-3/8" sale $79.99

from Cuisinart® Stratford 45-piece set, service for eight includes 5-piece hostess set. 18/10 stainless, continental sizing and dishwasher safe. $99 **they'll applaud**

from Towle® Silversmiths: each Copenhagen product features universal pattern, silverplate, green velvet gift box. **give and hope to receive.** ladle, pie server, serving fork, serving spoon each $12.00

mission style design folding table and chairs. fine furniture details. dark mahogany, premium leather-like black vinyl. 32" sq. table, sale $59.99. chair sale $39.99 **mission possible!**

Look no further.
GRACIOUS HOME®

Gracious Home：家庭用品系列广告

在应用方言、俚语、行话、术语、习语时，你必须使用得当，让他们读起来很直觉也很敏感，否则就容易让人产生莫名其妙的感觉。成功地使用方言取决于三个因素：其描述性、具有关联性及读起来诚挚（Schmooze 犹太语"聊天"的意思）。

创意总监	Peter Rogers
美术指导	Steffanie Gillstrap
代理商	AGENCYSACKS
客户	Gracious Home

扫货。
寻找一个物美价廉的地方满足你的购物欲？
（对页左）
闲聊。
四张软垫塑胶椅子，仅售$59.99。
34.5平方英寸×27.5英寸高匹配桌子，仅售$39.99。
（对页右）
决心。
源自专业测量的电子体重秤。
无需更换的锂电池，白色，承重范围：5-330磅，四位数字显示，仅售$29.99。

schmooze.

[4 black padded vinyl chairs, sale $59.99.
34½"sq. x 27½"h matching table, sale $39.99.]

Look no further.®
GRACIOUS HOME®

west broadway at 67th street　212-231-7800
east third avenue at 70th street　212-517-6300
new lighting store 1201 third avenue　212-517-6300
www.gracioushome.com, free delivery in Manhattan. we ship anywhere. sale ends December 10, 2002.

resolve.

[electronic bathroom scale from Measurement Specialties.
permanent lifetime lithium battery, white, 330 lb. capacity,
4 digit readout in .5 lb. increments. sale $29.99]

Look no further.®
GRACIOUS HOME®

east third ave at 70th　212-517-6300
west broadway at 67th　212-231-7800
www.gracioushome.com, free delivery in Manhattan. we ship anywhere. sale ends Jan. 22, 2002.

多说不如少说，少说不如不说。

中国谚语

不加思考的说话如同无的放矢。

18世纪英国谚语

WORLD LEADERS. ROYAL FAMILIES. POP STARS. THE POPE.
(OUR DEMOGRAPHIC.)

For over half a century, Land Rovers have been transporting very important people to very important places. Peace summits. Coronations. Sold-out concert venues. And somewhere between Winston Churchill and the Pope, it occurred to us: If we're going to be carrying luminaries, shouldn't we lavish them in absolute comfort and style? And so we created our first Range Rover. Should you be so fortunate as to drive the 2002 4.6 HSE, you'll discover our initial goal has evolved nicely. With advances that include Electronic Air Suspension, a 460-watt, 12-speaker Harman Kardon sound system and leather and burlwood interior appointments, our latest Range Rover stands ready to impress. Precisely the effect it had on the editors of *Kiplinger's*, who rated the Range Rover 4.6 HSE first for safety among SUVs. Now only one question remains: What history will you make in it?

LAND-ROVER
RANGE ROVER

揽胜：世界各国领袖……

这则广告知道潜在消费者的观点是什么对他们来说很重要，比如他们将与谁有关、他们的渴望是什么。在你的文案里，尽可能地比读者更了解他们自己。

文案　　　　Cameron Day
美术指导　　Lou Flores
创意总监　　David Crawford, Jeremy Postaer
代理商　　　GSD&M
客户　　　　Land Rover

（我们的客群）世界各国领袖、皇室家族、流行巨星、教皇。

半个世纪以来，陆虎将很多重要人物载送到了重要的地点。和平峰会，加冕典礼，满座的音乐会场，这其中既有温斯顿·丘吉尔，还有教皇。这让我们想起：如果我们将载送这些杰出人物，难道我们不应该赋予其绝对的舒适和风格？所以我们创造了揽胜。

如果你有幸驾驶2002款4.6 HSE揽胜，你将发现我们的初衷得到了完美的传承。其先进配置包括电子空气悬挂，460瓦，12声道哈曼·卡顿音响系统和皮革实木色内饰配置，我们最新款的揽胜随时准备震惊四座。正是其展现的功能，让吉普林杂志的编辑们将揽胜 4.6 HSE评为运动型多功能车中的首选。现在仅存的问题只有一个：你将与它创造什么历史？

任何不能付诸行动并进行到底的事最好全部忍住不要说出。

托马斯·卡莱尔（Thomas Carlyle，1795–1881），苏格兰作家，引自"爱丁堡就职演说"（1866年4月2日），哈佛经典丛书，纽约：P.F. Collier & Son，1909-1914年出版，第二十五卷，第四部分

Why should you trust us during these difficult times?

Because we understand what your investments mean to your family

Investing is an obligation, but it's also a joy.

It's a responsibility we mustn't put off. And, in times like today, it doesn't make sense to wait and see what will happen next. Yes, it's difficult out there, but we believe we can help you, and your family.

What can working with a financial consultant accomplish today? We can help you to protect your equity and to manage risk. And in doing so, we can help you do the best for your family. Managing risk isn't a new approach for us; it is what we do every day for our own families.

What we will do and how we will do it.

Work to protect your equity. Our first job is to protect your equity because it is your money. It's what you have worked so hard to accumulate. It's the difference between comfort and worry. If your investments are not performing to your expectations, lets talk and see what alternatives there are.

Risk management is at the heart of our investment strategy. The better we know the risks, the better we will know how to avoid them. We have many risk management strategies designed to help protect your equity, including technical analysis to discipline our recommendations while removing the emotional attachment to a particular investment. What's more, we know how to respond to the impersonal forces that influence the market. In the end, we will help you to find the right steps to take, because we never forget why you are investing.

Work to Manage the Risk. We don't have to tell you the market is volatile. You've seen it with your own eyes. You've discussed it with your family, your friends, and even your current broker or advisor. You may even have taken steps to protect your portfolio. The question is has any of it really worked to your satisfaction? We can't promise a specific rate of return, but we can promise to do our best to protect your portfolio and increase its value.

What is the true value of your money?

We don't invest to get rich. People invest to help secure the best life for their families, to give their children the best education possible, and to play an important role in their community. But ultimately, people invest to reaffirm their commitment to their families.

If you understand, as we do, the true importance of protecting your money call us today. We promise a high level of professional and personal commitment. We can make this promise because the techniques and strategies we will recommend are the same as those we use to manage and help protect our own family investments.

To us, risk management means seeking growth only after working to protect your investment. To schedule a free portfolio review, please fill out and mail the coupon below. Or to simply talk about your concerns and goals call or email Financial Consultants Steven Hoffman or Michael Seelenfreund at 212.699.7881 or 800.347.4782 shoffman@fahnestock.com, mseelenfreund@fahnestock.com

---

☐ *Yes, I accept your offer for a free portfolio review.*
Please contact me:

Name:

Address:

Phone Number:

Best time to reach you:　　　　　　　　please circle: AM / PM

Steven Hoffman
and
Michael Seelenfreund
Financial Consultants

FAHNESTOCK
E S T A B L I S H E D　1 8 8 1
member NYSE and SIPC

Please mail coupon to: Steven Hoffman, Fahnestock & Co. Inc. • 810 Seventh Avenue New York, NY 10019

Fahnestock：在这个困难时期……
扪心自问："对读者而言，什么才是重要的？"更深入一步问自己："到底什么对读者才是真正重要的？"然后诚实地回答，用读者的"语气"写下。此处，撰稿人并没有试着向一个未知的人兜售什么东西，而是与他所珍视的人分享一些珍贵的东西。

在这个困难时期，你为什么一定要相信我们？
因为我们理解投资对你家庭的意义。投资是一种责任，但也是一种乐趣。
这是一项我们义不容辞的责任。今时今日，我们没有道理再等着看看接下来会发生什么。是的，这很困难，但我们相信我们能帮助你及你的家庭。
如今，与理财顾问共事能达成什么？我们能保护你的权益并帮你管理风险。由此，我们可以帮助你。这不是我们第一次涉足风险管理领域，因为我们每天都在为我们的家庭做同样的事情。
……

创意总监／文案　　Robert Sawyer
美术指导　　　　　Amy Bennick
客户　　　　　　　Fahnestock (Now operating as Oppenheimer & Co.)

> 广告是一种有价值的且合乎经济效益的系数，因为它是推销货物最低成本的方式，尤其是针对那些没有什么价值的货物。
>
> 辛克莱·路易斯（Sinclair Lewis，1885-1951），美国小说家，诺贝尔文学奖得主，引自《吉迪安·普兰尼胥》（Gideon Planish），纽约：兰登书屋，1943年出版

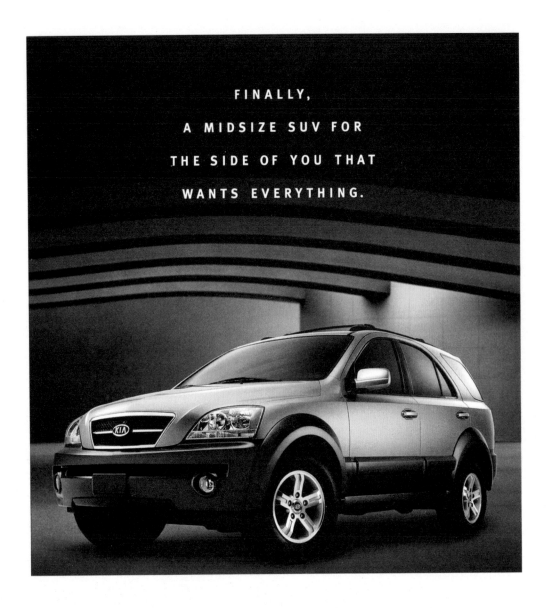

FINALLY,
A MIDSIZE SUV FOR
THE SIDE OF YOU THAT
WANTS EVERYTHING.

THE NEW, WELL-EQUIPPED KIA SORENTO. STARTING UNDER $20,000.

10 YR / 100,000 MILE LIMITED
POWERTRAIN WARRANTY

5 YEAR/60,000 MILE LIMITED BASIC WARRANTY
5 YEAR 24-HOUR ROADSIDE ASSISTANCE

For the first time ever, love and logic have come together in one midsize SUV. The all-new

Sorento for 2003. It's got everything you could ever want in an SUV. Big, powerful V6

engine. Standard. Dual front and side curtain airbags. Standard. Power windows, mirrors

and locks. Automatic transmission. In-das-

dard. And get this. The Sorento is affordabl

for less than $20,000. To take a closer look

Price based on MSRP for LX base model excluding taxes, title, license, freight, options and retailer charges. EX model shown costs extra. Actual prices set by retailer. See retailer for warranty details or go to kia.com.

起亚：终于，一辆中型SUV……
汽车广告中公布价格是一种常用的手法。然而，可能没有
人会承认他购得该车是因为他负担得起价格。这则广告的
撰稿人深谙其里，所以文案讨论诸如"爱与逻辑"这样的
欲望与理智。该创意旨在帮助读者调和他们"想要"与
"需要"之间的冲突。

创意总监　Nigel Williams
文案　　　Kim Genkinger
美术指导　Will Chau
摄影　　　R. J. Muna
代理商　　davidandgoliath
客户　　　Kia Motors America

终于，一辆中型SUV满足你想要拥有一切的欲望。
史无前例地，"爱与逻辑"同时存在于一辆中型运动多功能汽车。全新索兰
托2003拥有你期望运动型多功能汽车具备的一切。大气、动力十足的V6发
动机。标准配置。双驾驶座及侧面安全气囊。标准配置。电动车窗、车镜和
门锁。自动换挡。车载CD。还有起亚10年/10万公里的动力系统有限质量保
证。所有这一切都是标准配置。另外，索兰托价格合理、理性。你能用不到
2万美金即可拥有一辆，还等甚么。

价格会遭遗忘，品质永被铭记。

Gucci 家族信条

与广告有关的更深层次的问题是我们乐意被欺骗，而非"骗子们"的肆无
忌惮；这是因为我们被引诱的欲望更甚于引诱的欲望。

丹尼尔·布尔斯廷，美国历史学家，普利策奖获奖作家，1975年至1987年间任美国国会图书馆馆长

FOR
E OF YOU
ELUCTANT
FOR IT.

ile limited powertrain warranty. All stan-

want to say it, you can get into the Sorento

asorento.com. And bring both sides of you.

Make every mile count.

金钱万能

人们不断涌现新的需求。

人们的欲望是没有极限的，并且没有极限地扩大自己的欲望。商店货架的货挤了又挤；展示厅里的样品塞了又塞；橱窗展示一个接着一个地建；销售型录不断地定期出版；广告寄往各个不同地址（不论邮寄地址或是电邮地址）。销售无处不在，任何东西都可用以销售。明码标价销售不佳，则以打折处理。

当人们掂量口袋里的金钱时，价格就起到决定性作用。当遭遇经济困难时，字码再小的标价标签都不会被忽略或隐藏。价格成为销售的核心。这个时候诸如"对折降价"之类的词语就可以出现在标题里，还有像"特价"、"清仓"、"甩卖"等词汇都可一展身手。撰稿人要狡猾，但只狡猾在要点上，因为卖掉商品才是王道。

当价格变得很重要时，你可以审时度势，但不可过于滑头。

不可过于强调金钱。

富人喜欢省钱。

金钱是一个高度敏感的问题，人们为之疯狂。

别把销售和艺术混为一谈。

杰克·泰勒（Jack Taylor），Jordan McGrath广告公司副主席，引自兰德尔·罗腾伯格（Randall Rothenberg）著《广告人也疯狂：一个关于广告的故事》（*Where the Suckers Moon: An Advertising Story*），纽约：Alfred A. Knopf，1994年出版

笨蛋难聚财。
英语谚语

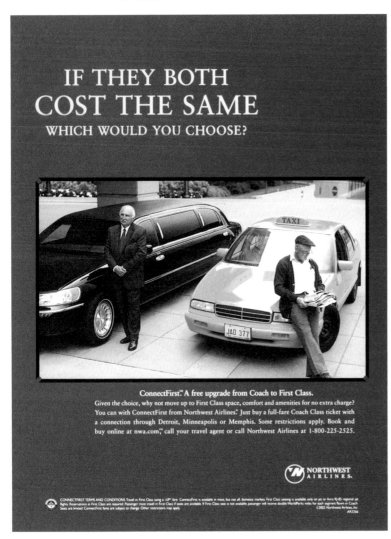

西北航空：如果两者花费相同……

使用问句的标题是有目的的，它可以将讨论的问题从费用付出转移到获得回报上。文案中诸如"无需支付额外费用"之类的销售术语将读者注意力从实际支付费用转移到一个更抽象的概念：以经济舱的费用享乘头等舱的待遇。

如果两者花费相同，你会选择哪个？
ConnectFirst提供从经济舱到头等舱的免费升舱服务。
如果可以选择，何不免费升级到头等舱，享受其空间、舒适及尊贵待遇？你可以联系西北航空的ConnectFirst。只需购买一张经底特律、明尼阿波利斯或孟菲斯转机的全价经济舱机票。适用于某些限制条件。

创意总监	Markham Cronin
文案	Pete Demarest
美术指导	Steve P. Williams
摄影	Dave Schad
代理商	Craig Perman
客户	Carmichael Lynch
	Northwest Airlines

半岛酒店：入住冬季仙境……

折扣与套餐并不吸引人。即便富人渴望与普通人一样节约，也不想被人知道他们是为省钱而入住。故此，文案为读者渲染一种浪漫的氛围，邀请她去体验"仙境"。至于低价格则是特别礼遇，而非诱因。

入住冬季仙境，推荐纽约半岛酒店周末套餐。享受高级客房每晚$350的特惠折扣。很少有地方能像冬季的曼哈顿一样充满神奇。现在，你可以通过享受半岛纽约酒店周末特惠，一睹这座城市的风采。即日起至2002年3月31日，周五或周六入住，连续入住两晚，即可以每晚$350的特惠折扣，免费享受每日欧式早餐，并附赠酒店健康俱乐部体验。这将是一次绝好的机会，体验冬季曼哈顿的美妙周末。

创意总监	Lynn Kokorsky
文案	Beth Levine
摄影	Doug Menuez
代理商	AGENCYSACKS
客户	Peninsula Hotel Group

你必须到处巡回鼓动起来，并自吹自擂。相信我，否则你就没有机会。

W. S. 吉尔伯特（W.S. Gilbert, 1884–1962），玩具制造商，选自玛格丽特·麦娜和休·罗森合著《新国际引语词典》，纽约：企鹅图书，1986年出版，第288页

当生意萧条的时候才做广告是没有用的，难道看不出来吗？我每天做广告，所以生意都非常好。

《印墨》（Printers' Ink）杂志，1895年1月第12辑，第44页

EUREKA

We discovered how to bring down the running cost of color for
any office to under 10 cents a page. And that was no accident.
Introducing the Xerox DocuColor 2240 and 1632 Printer/Copiers.
There's a new way to look at it.

Introducing a dazzling breakthrough in color.
The Xerox DocuColor® 2240 and 1632 bring the
running cost* of making color prints and copies
in your office to less than 10 cents a page. And
remarkably, reduce black and white running
costs to a mere 1.3 cents a page. So for color

and black and white that are easy to use and
afford, remember the Xerox DocuColor 2240
and the 1632. Once you discover them, you'll
see how simple it can be to integrate color into
everything you do. To get all the benefits of
low-cost color in your office, get in touch today.

THE DOCUMENT COMPANY
XEROX.

Visit: www.xerox.com/eureka **Call: 1-800-ASK-XEROX ext. 2240A**

施乐：我找到了！
这个激动兴奋的标题意思是"我找到了＊"
（译注："Eureka"为阿基米德发现浮力原理
从浴缸中裸身跳出时口中所叫喊着的希腊语）。
从标题到副标题再到正文，都在告诉读者：这
款产品为他们省钱。文案的调性积极肯定，承
诺不断重复并贯穿始终。成本是一个重大议
题，使用温和机巧的词语显然不适合于此（同
见第108页）。

全球创意总监	Barry Hoffman
助理创意总监／文案	Mike Macina
资深美术指导	Greg Elkin
摄影	Robert Ammirati
代理商	Young & Rubicam Advertising
客户	Xerox Corporation

我们发现了怎样降低办公室彩色打印成本，让每一页打印低于
10美分。这不是意外。隆重推出施乐DocuColor 2240 和1632
打印、复印一体机。
以一种全新的方式看待它。
……

钻石贸易公司：钻石恒久远系列广告

没有人真正需要钻石，这个广告的目的就是煽动人们对此的欲望。广告洞察到钻石是用以炫耀的，这种炫耀深具诱惑力。所以广告的语调充满趣味、八卦、智慧及性感。文案不加掩饰地诉之以色情，并非其可为之，实乃不可不为之。

创意总监	Chris D' Rozario, Ed Evangelista
文案	Erik Izo
代理商	J. Walter Thompson
客户	The Diamond Trading Company

你从哪儿得到那颗钻石？
你从哪儿找到那个男人？
任何尺寸都引人注目。转换，1/2克拉或以上。更大的承诺。
（对页）
引发心灵的悸动。
谁来帮忙叫一下医护人员。
任何尺寸都激动人心。危险，1/2克拉或以上。更大的承诺。

双关语，现在是危险的游戏，但是真正极具智慧的双关语仍然奏效。任何真正极具智慧的事物都可以打破常规。

保罗·希尔弗曼，引自广告文案圣经《全球32位顶尖广告文案的写作之道》，英国：RotoVision，2000年出版

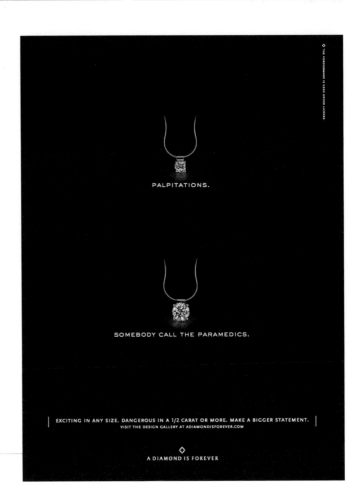

文字**游戏**

快速、简洁、机智是文字游戏的核心。

俏皮话、双关语与妙语是文字游戏中常见的形式。有时，广告需要更多一些标题与图片之外的东西以吸引读者、传递观念。成功的文字游戏真正要点在于清晰易懂，但若其精巧却不被人所理解，则是浪费文字。

记得要写得简洁，使用尽可能少的文字介绍一个中心思想。但要谨记，简洁的表象可能具有欺骗性。

简洁的用词可以描述复杂的概念，如大众独特的"柠檬"到Altoids令人忍俊不禁的"Nice（美妙的）Altoids"。前者是对甲壳虫的自嘲，而后者用超强薄荷味产品代替听起来像"人体肌肉"的联想。

文字游戏准则：
1. 只使用少量字数解释复杂的事物；
2. 冒险使用双关语；
3. 说话要有双重意思；
4. 敢于不逊；
5. 嘲弄产品的名称。

不可乏味。

大卫·埃伯特，英国广告业传奇人物，引自广告文案圣经《全球32位顶尖广告文案的写作之道》，英国：RotoVision，2000年出版

在美国，困扰我们的不是生命的诗歌蜕变为散文，而是它蜕变为广告文案。

路易斯·克罗纳伯格（Louis Kronenberger，1904–1980），美国评论家与编辑，引自罗达·托马斯·特里普（Rhoda Thomas Tripp）所编的《国际名人语录分类汇编》（*The International Thesaurus of Quotations*），纽约：Thomas Y. Crowell公司，1970年出版，第18页

马自达：如何判断一辆真正的轿跑车

理想的文案不只是让人阅读，而是让人接受。文案可以文字游戏的方式为文字添加多层意思，同时将读者的注意力引导至最重要的信息。文字游戏同时亦有助于建立一种既个人化又具感染力的语调，当读者读懂它时，他们就会与之产生共鸣。

首席创意官	John DeCerchio
执行创意总监	Michael Belitsos
创意总监	Ken Camastro
文案	Kip Klappenback
美术指导	Dennis Atkinson
摄影	John Marion
代理商	Doner
客户	Mazda

如何判断一辆真正的轿跑车。

特别介绍全新220马力的马自达6简单。不复杂。引人入胜。显眼的数字计速器，帮助你追踪加速器的每一次记录。引人注目的镀铬工艺。红色电致发光让整个驾驶舱突显跑车的感受。马自达6作为真正的运动轿车，这个测试很容易。一旦你确定你在寻找什么。全新马自达6轿跑。驾驶它，你就会明白。

文字是一种媒介，只要你愿意，它可以将信息转化为人类思维过程的一部分。被阅读到的文字如同人们听到的话语一样深入脑海。

小詹姆斯·乔丹（James Jordan Jr.），Jordan McGrath广告公司副主席，引自兰德尔·罗腾伯格著《广告人也疯狂：一个关于广告的故事》，纽约：Alfred A.Knopf，1994年出版

俏皮话

一个词暗示两种不同意思的幽默用法，通常是读音一致但词义不同。例如：“卖咖啡有小费。”（Selling coffee has its perks*.）（译注：“perk”亦可解读为“提神”。）

双关语

出自法语的“双重意图”，指可以用两种不同方式诠释的语言，通常第二种意思比较粗俗或有伤风化。例如：“弓箭手射箭之前要先拿起弓。”（The archer took a bow before shooting his bow*.）（译注：亦可解读为“弓箭手射箭之前要先鞠躬”。）

妙语

通常在笑话中起强调作用的的短语、表白或句子。例如在饭店大堂的服务台，母亲要求孩子开一个独立的房间。服务员回答道：“我们有一间带景观的亲子间可以提供。”（We have a womb with a view available.）

欧莱雅：OXXXXXXX

标题中的符号指产品名称"Olay"（欧莱雅）中代表"拥抱与亲吻"的"O"的拉长音。广告受众能领会文案中所罗列的优点。虽然多重隐喻混杂于文案之中，读者获得的讯息却明白无误：你的肌肤会爱上本产品。

创意总监	B. Okada
文案	V. Fortier
美术指导	T. Brosnan
代理商	Saatchi & Saatchi
客户	Procter & Gamble

全新欧莱雅7x多效修护霜，更有效摆脱岁月痕迹。

欧莱雅7x多效修护霜在蕴含七种维他命及矿物质基础上，可以更有效地抵御七重岁月痕迹，焕发肌肤自然年轻光彩。事实上，这比百货商店的其他品牌更精益求精。签单，盖章，发货。
……

> 一切有效广告原创的秘诀不是制造新奇花哨的图像与文字，而是组合那些熟悉的文字与图片产生全新的趣味。
>
> 李奥·贝纳引自《百感交集：广告大师李奥·贝纳的100句名言》，芝加哥：Leo Burnett出版，第26页

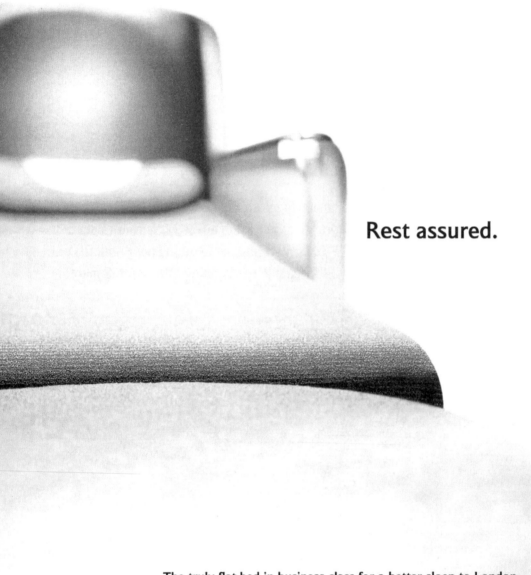

BRITISH AIRWAYS
britishairways.com

Rest assured.

The truly flat bed in business class for a better sleep to London.

New Club World is available on most services between North America and London Heathrow.　©2003 British Airways Plc

英国航空：确定无疑

之于一次愉快的飞行，两个字足以抵得上一个大承诺与许多泛泛的保证。这则广告专为美国受众而作，标题简短、精准，甚至稍微有点正式，更像英式而非美式英语，合乎其品牌个性。

创意总监	Simon Dicketts/Matt Eastwood
美术指导	Bill Gallacher
摄影	Richard Maxted
代理商	M&C Saatchi
客户	British Airways

确定无疑。
商务舱提供真正平坦床位让飞往伦敦的旅途睡得更香。

（广告）文案只不过是一种双关语的哄骗术，目的在于分散受众的判断力，而图像则用以催眠观众。

马歇尔·麦克卢汉，引自《理解媒介：论人的延伸》，纽约：New American Library，1964年出版，第205页

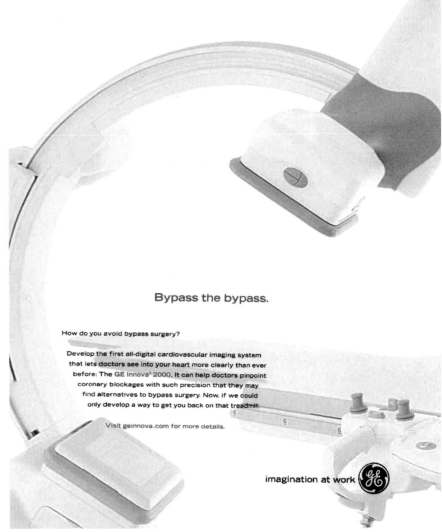

T. Rowe Price: 你想轻松延期债务（转动）吗？

一个严肃的话题因为带点俏皮话而变得轻松，创意包含了双重意思。双关语令人莞尔，而图像则暗示如果投资人没有采取相应的行动可能错过机会。由俏皮话所建立的轻松语调贯穿文案始终，文案强化了这一观念，即这件事情真的很轻松。

创意总监	Mark Kelly
美术指导	Mark Kelly
文案	Belinda Broido
理商	J. Walter Thompson

你想轻松延期债务（转动）吗？

你通过努力工作而积累起来的退休金，确定要将其抛诸脑后，把它留给你的前任雇主的退休计划？通过 T. Rowe Price 过渡优惠服务，让你更轻松地控制你的退休金储蓄。

给我们的过渡专家来电即可开通你的账户。他们可以帮你选择一种 T. Rowe Price 基金，或者还有其它 1000 种基金供你选择——没有负债，没有销售费用或手续费。他们甚至可以联系你的前任雇主，帮助你协调过渡手续。事实上，我们的过渡专家会处理一切个人退休账户相关文件，并邮寄给你签署完成的表格。

不会有比这更简单的退休金过渡了。开通账户，致电我们或登录我们的网站，让你的 401(k) 声明尽在掌握。

通用：绕过绕道

这是标准的双关语。但是，拿心脏病发作开玩笑就没有什么好玩的了。这带来了一个问题："此处使用双关语恰当吗？"当你知道这则广告的目标人群并非医生或心脏病患者时，其语调就合乎情理了。广告是要讲给那些关心通用发展的人们听，对他们而言，这是个好消息。

执行创意总监	Don Schneider
文案	J. Racz
美术指导	E. Van Skyhawk
理商	BBDO New York
客户	General Electric

绕过绕道。

你怎样避免心脏搭桥手术？
GE Innova® 2000 创造了第一台全数码心血管成像系统，从此医生能前所未有清晰地检查你的心脏。它能帮助医生精确地检查到冠状动脉阻塞，这将有可能给心脏搭桥手术留下更多的选择。现在，我们有可能找到一种方法，让你重新回到跑步机上。

理所当然的描述可以让荒诞变得像真实。
梅森·库利，《城市名言录》，纽约：Fifth Selection，1988年出版

Do you remember the time
when you didn't have to program
your toaster, there were only
13 channels to choose from and
you only had to deal with one
kind of mail?

This chair is kind of like that.

Simple

When less really is more.

KEILHAUER

"印象"这个词往往被认为只是与视觉有关，但事实上不止如此。印象是从一个构想到一出戏剧演出的转换；一道无法抹去的记号；可成为通俗民间传说的一个场景；一个标志性的形象。这种印象可以单独使用文字或图像来表达，更理想的是两者兼用。

乔治·路易斯（George Lois）与比尔·匹茨（Bill Pitts）合著《广告大创意》，纽约：Doubleday Dell出版集团，1991年出版，第55页

Do you remember the time
when you didn't have to program
your toaster, there were only
13 channels to choose from and
you only had to deal with one
kind of mail?

This chair is kind of like that.

Simple

When less really is more.

KEILHAUER

Design: Concrete Design Communications Inc., Toronto

<u>Keilhauer：简单</u>
如同手机与复印机一般，制造商也在不断地给
椅子添加新功能。所以广告在追问潜在消费
者："你到底需要一张什么样的椅子？"而题
名"简单"则是全部答案。就像制造商在官方
网站上审慎地宣称："'简单'就是可以左右
转动、上下升降，仅此而已。"（广告发布在
杂志上时，全文字的页面刊登在右手页，而图
片则刊登在其背面。同见第27、58–59页）

文案	John Pylypczak
美术指导	John Pylypczak, Diti Katona
摄影	Karen Levy
代理商	Concrete Design Communications Inc., Toronto
客户	Keilhauer

你还记不记得当你不需要操作烤面包机，只有13个频道可供选
择，还有只需要处理一种文件时的感受？
这把椅子就像是这个样子。

representative 1 800 724 5665.

超越视觉

罗瑟·瑞夫斯曾写过M&M的"只溶在口，不
溶在手"及神奇面包（Wonder Bread）的
"十二种强身健体法"。同时，他提出了"独
特销售主张"（unique selling proposition）
或简称"USP"，数十年来USP一直影响着广
告创意。

时至今日，广告不再易为。文案撰稿人仍然可
以构建一个USP，但可能不会与消费者引起共
鸣，也可能无法通过政府审查。何况，独特的
事情本就是少之又少的事情，只是现在变得更
为稀缺。一旦推出突破性产品或服务并获得成
功，就会被人抄袭再抄袭，就像Snapple果汁
饮料引来大量同类产品在口味与包装上的竞相
效仿。同样地，美国终生电视网催生了氧气频
道，捷蓝航空（Jet Blue）则被桑恩（Song）
航空所仿效。

逐渐地，消费者凭直觉而非理智地忠诚于某一
品牌，适应变得多么重要，虽然正确的信息可
能需要一个漫长的过程。

持久促进品牌忠诚度的广告：
1. 看不出源自何处；
2. 更多称颂消费者而非产品；
3. 竭尽全力持续不断地与竞争品牌作区分。

诉之"独特销售主张"或
USP在今日已非易事。

一旦产品或服务获得成功，
必将被复制。

忠诚度是脆弱的。

产品或产品的概念必须是一
种象征。

141

Heller Ehrman v. Boundaries

Perhaps a law firm need not exist inside the legal-sized parameters of tradition. Maybe it lies outside of convention. Maybe it crosses lines of formality. Maybe it recognizes a need to overstep the expected. And, quite possibly, it realizes that inspired acts of tenacity and imagination are the only way boundaries get pushed.

Heller Ehrman ATTORNEYS　　Challenging the laws of convention™

海陆律师事务所：海陆律师事务所对决界线
从对抗性的标题（"V"即"对决"）到规整划一的正文，使得广告阅读起来犹如一篇法庭的结案陈词。这个氛围本身就是一种讯息，如同其标语所宣称的，广告本身的作用就是"挑战常规法则"。

海陆律师事务所对决界线
也许一家律师事务所不需要在死板的传统参数之内求生存。或许它存在于世俗之外。或许它超脱了形式。或许它意识到一种超越期待的需求。而且很有可能地，它认识到启发坚韧性和想象力是唯一跨越界线的方法。

文案	Jody Horn
美术指导	Gregg Foster
摄影	Chris Wahlberg
代理商	Publicis USA
客户	Heller Ehrman

使用简单的词汇、大创意及短句来让别人了解你的想法。

约翰·亨利·帕特森（John Herny Patterson），引自泰德·古德曼（Ted Goodman）编著《福布斯商业名言录》（The Forbes Book of Business Quotations），纽约：Black Dog & Leventhal出版社，1997年出版，第435页

克莱斯勒："过山车"与"航天飞机"篇
所有汽车广告都与驾驶想象有关。这辆汽车则
是与嬉戏有关。嬉戏体验几乎是所作承诺的全
部。所以，当推出一款更强动力的新版本时，
承诺就是带给驾驶者更多乐趣。

执行创意总监	Bill Morden
文案	Tim Thomas
美术指导	Steve Glinski
广告公司客户管理团队	
小组客户总监	Katie Brown
客户管理	Andrea Marcaccio
客户经理	Jeff Sayen
客户	
总监	
Chrysler Communications	Bonita Stewart
资深经理	
Chrysler Advertising	Oliver LeCocq
代理商	BBDO Detroit
客户	Chrysler

PT涡轮
云霄飞车的乐趣再加上超劲爆动力效果。全新克莱斯勒PT
Cruiser Turbo，拥有调节悬停性能和215匹马力。它能完成任
何动作——可能除了盘旋下降。

我们是在美国广告的无限承诺里寻找梦想而成长。我仍然相信
通过信件可以学会弹钢琴，而泥浆则能令肌肤变得完美。
塞尔妲·菲茨杰拉尔德（Zelda Fitzgerald），美国作家，引自罗伯特·安德鲁斯（Robert
Andrews）著《哥伦比亚名言辞典》（The Columbia Dictionary of Quotations），纽约：
哥伦比亚大学出版社，1993年出版，第18页这系列广告运动开启了通用"充满想象地工作"的定位。注意到该标语的三个单词（imagination at work）将科技中最人性化的部分与商业里最具实用的考量结合起来，语调轻柔、快捷与积极。这系列广告运动的作品都不推销任何产品，而更多的是传递通用为真实世界制造真实产品的理念。

执行创意总监	Don Schneider
文案	David Johnson
美术指导	John Leu
代理商	BBDO New York
客户	General Electric

对于风电农场的好处是全年都是收获季节。 得益于通用风力涡轮机带来的技术变革，如今清洁风能大受欢迎，它有40层楼高，风翼更有两架波音喷气机的机翼那样宽。这是通向可再生能源巨大的一步。是不是让人耳目一新？
（对页）
没有听说过我们制造了世上最大马力的喷射引擎？ 得益于独创性复合前风扇，GE90-115B发动机的创新技术结合了创纪录的高功率和出奇的低噪音。你可以说这打破了一种新的音速障碍。

形象，不是简单的一个商标、一幅图案、一句标语或一张容易被记住的图片。那是以个人、机构、公司、产品或服务全力潜心打造出来个性化的印象结果。

丹尼尔·布尔斯廷，美国历史学家，引自引兰德尔·罗腾伯格著《广告人也疯狂：一个关于广告的故事》，纽约：Alfred A. Knopf，1994年出版，第12页

Haven't heard we make the world's most powerful jet engine?

Shhhh. We're keeping it quiet.

Thanks to an ingenious, composite front fan, the innovative **GE90-115B** combines record-setting high power with remarkably low noise. You might say it's broken a new kind of sound barrier.

Visit ge.com to learn more.

imagination at work

在工厂里我们制造化妆品，在药妆店里我们销售希望。
查尔斯·瑞福森（Charles Revson），露华浓创办人，引自迈克尔·杰克曼（Michael Jackman）的《皇冠政治语录》（*Crown's Book of Political Quotations*），纽约：Crown Publishing，1982年出版，第2页

Once upon a time,

there was a company with a terrible

problem: their servers just kept crashing.

So they bought Magic Server Pixie Dust. Simply

sprinkle on the Pixie Dust, and crashed servers would

suddenly come back to life. Sprinkle it on regularly, and they'd

never go down. Servers would run themselves. Repair themselves. *On demand.*

People were stoked. They could devote more attention to their other business

problems. It seemed almost too good to be true. The truth is, it didn't exist.

AND THAT'S WHEN THEY CALLED IBM.

In the *on demand* era, servers will need to have the ability to repair crashes before

they happen. To also protect themselves and manage themselves in ways never before

imagined. This is the kind of autonomic, *on demand* technology IBM is building

for the new "always on" environment. Not Magic Pixie Dust. Visit **ibm.com**/ondemand

IBM.

@business on demand

IBM：很久，很久以前⋯⋯

随着技术变得更为复杂，公众越来越觉得它
像魔法。所以，为何不可以童话的方式讲述
科技故事呢？这种方式或许有点牵强，但故
事书的手法会让阅读变成一种享受。它还暗
示：购买该产品的人都会"从此过上幸福快
乐的生活"。

创意总监	Jeff Curry, Tom Bagot
文案	Lisa Topol
美术指导	John Lamacchia
代理商	Ogilvy & Mather New York
客户	IBM

*很久，很久以前，有家公司遇到了一些麻烦：他们的服务器
不断地死机。所以，他们购买了"仙尘精灵"魔法服务器。
简单地撒上"仙尘精灵"，死机的服务器就能恢复工作。定
期使用，服务器将绝不再发生死机，并自动完成运转、修复、
点播。如此振奋人心。他们可以把更多的注意力放到其他业
务问题上。这简直令人难以置信。但事实上，它的确存在。
就在这个时候，他们联系了IBM。
在这个随需应变的时代，服务器需要在死机事故发生前自我
修复。同时，通过一种从未想象过的方式自我保护和自我管
理。这是IBM为全新的"永远在线"技术环境而开发的一种自
发的、随需应变的技术。这不是"仙尘精灵"魔法。*

<u>Intel：无线小房间 / 无线生活</u>
此处，一个单词足以在介绍一项复杂科技的同时描述其利益点。它还作出一个快速、时尚与现代的承诺：这不只是关于非个人无线技术，更是关于认证与获得许可。"无线"是你所选择去做的事情，而不是加诸于你的决定。

文案	Steve Mulliken, Ken Segall
美术指导	Marcus Kemp, John Rea
代理商	Euro RSCG Worldwide
客户	Intel

要令人相信，就得把事实做得令人难以置信。

拿破仑·波拿巴（Napoleon Bonaparte，1769–1821），史上最伟大的军事指挥家之一及法兰西皇帝，引自马蒂·格罗斯博士著《矛盾修辞法：史上最伟大的语言大师的机智与智慧》，纽约：HarperResource（HarperCollins印刷），2004年出版

IBM：在尚未完成的旅途上 / 在80号桌，梦想从5号桌开始

在这系列广告中，产品是由那些在职业生涯中取得辉煌成就，但却并非家喻户晓的人物所代言。读者乍一看他们的名字，或者这些专家在广告里的照片，都并不一定能认出他们。但一经文案引荐，这个人与产品的联系就会非常清晰。在这个案例中，具有悟性与一定想象力的人便会立刻明白：该产品是必不可少的。

创意总监	John McNeil
文案	Kristen Lewis
美术指导	Harry Bernstein
摄影	Christopher Morris/
	VII Photos + the campaign IBM Thinkpad
代理商	Ogilvy & Mather New York
客户	IBM

在这个困难时期你为什么一定要相信我们？
——迪安·卡门（Dean Kamen），Segway人类移动器发明人
何处是你最佳思考场所？
各款型号的集成双天线增强了信号强度。软件提供，让你在旅途中享受更便捷的网络连接性。无线创新技术。这只是世界知名人士选择ThinkPad笔记本电脑的原因之一。各款型号都配备卓越的性能和灵活性移动Intel Pentium 4-M处理器。
（对页）
梦想从5号桌开始。
——基恩·麦克纳利（Keith McNally），巴黎Balthazar，纽约Pravda、Lucky Strike餐厅老板
何处是你最佳思考场所？
各款型号配备无线连接性选项。固定于显示器内的双天线加强了信号强度。无线创新技术。这只是世界知名人士选择Think-Pad笔记本电脑的原因之一。各款型号都配备卓越的性能和灵活性移动Intel Pentium 4-M处理器。

当一个雇用名人的大创意广告运动有能力成为一种新语言，以眩目的形象走进大众文化时，广告传播将达到一个令竞争对手无法企及的层面。这时，"名人"将转化为"贵人"（$ellebrity）。

乔治·路易斯（George Lois），选自《名人效应》，伦敦：Phaidon Press，2003年出版，序言

明星代言，
真实与**想象**

明星代言，真实与想象，在广告中占有一席之地。

那些人人熟知的面孔与声音几乎可以为所有你能想到的产品作广告代言。明星们亲自演绎，甚至也允许他们扮演的角色一反平时一贯的形象。

看来名人代言无处不在，而且似乎也没有人会狂妄或富足到对广告邀约说"不"。有些如 Gap 这样公司的代理商，选角既可能包含超级巨星亦会有不为人知的路人甲。而明星经纪公司则不以为然，认为后者是不会引人注目的。还有，一些著名的电影导演不仅拍摄广告，他们自己也出现在广告片里。政治家、运动员、艺术家以及诗人等，他们都很乐意为产品、商品以及服务代言。

名人，无论以什么方式出现，都是广告创意的一部分。这就是为什么撰稿人们被要求用人的面孔来表现创意，用人的声音来传达概念。他们也必须知道谁目前炙手可热、谁正在冉冉升起、谁的人气在下降，以及谁又要东山再起。

名人效应并不能代替一个好创意，但它仅居其次。

名人效应能产生：
1. 信任度；
2. 派头；
3. 尊敬；
4. 引发讨论。

没有任何名人会大牌到不屑代言。

名人传递了部分或者整个广告的信息。

名人成为创意的形象代表，内容的传播之声。

要特别留意谁是炙手可热的人物，谁已经人气不再。

"To me documentary photography is about human dignity."

Hands: Sebastião Salgado, photographer
Tool: LEICA M7

www.le ca-camera.com

Heine/Lenz/Zizka

Leica my point of view

Leica Camera Inc. / 156 Ludlow Ave. / Northvale, NJ 07647 / USA / Telephone 800-222-0118 / literature@leicacamerausa.com

莱卡相机："对于我而言，纪实摄影……"
让著名的摄影师在这些严肃又不失艺术性的广
告里代言一款深受欢迎的相机，此处名人的妙
用传达了一个重要的信息：这款相机值得被关
注的重点是该相机所拍下的照片，它不仅仅是
一个身份与地位的象征，而更是一个需要被严
肃对待的装备。

"对于我而言，纪实摄影事关人类尊严。"
——Sebastiao Salgado，摄影师，所持机型：Leica M7
（对页左）
"没有好眼力就没有好照片，但是没有一双好手甚至连拍照
都不可能。"
——William Klein，摄影师，所持机型：Leica M7
（对页右）
"我的照片只捕捉自然，只有自然才可能具有现实世界保存
的价值。"
——Norbert Rosing，摄影师，所持机型：Leica R8

承蒙徕卡支持，特此致谢！

"Without a good eye no good photographs.
But without good hands no photo at all."

Hands: William Klein, photographer
Tool: LEICA M7

my point of view

"I capture nature in my pictures,
so that it may sustain in reality."

Hands: Norbert Rosing, photographer
Tool: LEICA R8

www.leica-camera.com

my point of view

哎！在英雄缺席的当下，我们只得利用名人。

乔治·路易斯，选自《名人效应》，伦敦：Phaidon Press，2003年出版

所谓广告行业，就是看着自己的生意伴随着在他们意图控制之下的一些神奇咒语、旋律或口号轻轻舞动着。

马歇尔·麦克卢汉，"广告的时代"（The Age of Advertising），《大众福利》（Commonweal）杂志，1953年出版，第557页

To me, success is a 35 minute lunch.

At a restaurant, not my desk.

Means I'm not wasting time doing the

same data management task again and

again and again and…well, you get it.

Save the day.

V2X Subsystem

Consolidate your work by consolidating data from all your different systems. One way is with a V2X Shared Virtual Array subsystem and SnapVantage software to unite all your Linux virtual servers. Or an L5500 automated tape library and T9940B tape drive. There are other ways, too. We'll help find the one that's best. So storage administration takes a smaller bite out of your day. Learn more about this story and other ways we can help you at www.savetheday.com

STORAGETEK® Save the Day.™

StorageTek：对我而言，成功就是一顿35分钟的午餐
广告中的男人是一个真实的IT工作者、信息技术工作者或者一个专业人士？这有关系吗？如果读者与这则故事产生共鸣，那故事将会被认为是真实的。让一件轶事变得可信的关键，也是让它具有说服力的关键。如果读者对这些前提产生了共鸣，那他们自然会相信相关的解决方案。

对我而言，成功就是一顿35分钟的午餐。在餐厅，而不是在我的办公桌旁。这意味着我不是在浪费时间处理着相同的数据管理任务，一遍又一遍，一遍又一遍……好吧，你懂的。扭转局面。
通过整合所有不同系统里数据的方式调整你的工作。方法之一是通过V2X共享虚拟阵列子系统和SnapVantage软件来统一所有你的Linux虚拟服务器。或者使用L5500自动磁带程式库和T9940B磁带驱动器。当然，还有其他解决方案。我们将帮你找到那个最好的。因此，存储管理将占据你更少的日常时间。

创意总监	Steffan Postaer
文案	Mark Anderson
美术指导	Greg Auer
摄影	John Offenbach
代理商	Leo Burnett USA
客户	StorageTek

在消费社会，名人的生活不只是人们流行风尚的指向标，还包括他们为消费者演绎了在没有金钱负担下的理想生活。

斯图尔特·尤恩，《消费意向：当代文化下的政治风格》，纽约：Basic Books，1999年出版，第五章，第94页

关于小约翰·肯尼迪的《乔治》（George）杂志的创刊发行：
名流扭曲了民主，他们所得到的财富、美貌和名声总是超过他们应得的。

莫琳·多德（Maureen Dowd），美国报纸专栏作家，引自《纽约时报》刊登的《巨象木偶戏》（Giant Puppet Show），1995年9月10日出版

Find out why Dame Edna & Barry Humphries are fans at www.mandarinoriental.com • BANGKOK • GENEVA • HAWAII • HONG KONG • JAKARTA
KUALA LUMPUR • LONDON • MACAU • MANILA • MIAMI • MUNICH • NEW YORK • SAN FRANCISCO • SINGAPORE • SURABAYA • TOKYO (2005) • WASHINGTON D.C.(2004)

<u>东方文华酒店："粉丝"系列广告</u>
该广告的巧思在于明星在此处扮演了"粉丝"，但这不仅
仅是一个简单的小聪明。它在不经意间表现了该酒店满足
其明星顾客的能力。言下之意是，如果他们能让一个明星
变成他们的粉丝，那么你自然也会成为他们的粉丝。

创意总监　　　Alan Jarvie
摄影　　　　　Patrick Lichfield
代理商　　　　M&C Saatchi
客户　　　　　Mandarin Oriental Hotel Group

Alaris：照顾好自己

了解受众的经历，然后把它写出来。不要美化，更不能将它浪漫化。别害怕表达感情，要说出真实感受，愈真实愈好。此处的关键在于如何把产品的利益点真实地传递给受众，稍有差池，便全盘皆输。

创意总监 / 美术指导	Dean Alexander, Robert Sawyer
创意总监 / 文案	Robert Sawyer
设计制作	Paul Rodriguez
设计公司	Alexander Design Associates Inc.
客户总监	Peter Nolan, Dana Weissfield, Audrey Ronis-Tobin
品牌营销专员	Trudi Bresner
代理商	T. Bresner Associates
客户	Alaris Medical

照顾好自己。
你努力工作。你很聪明，工作效率又高。这就是所谓的专业人士。但是人无完人。用药过失的发生，可能会导致悲剧的结果。这就是为什么如果你能帮助减低过失的可能性，你的医院也就能成为更为安全的地方。Alaris医疗系统为你提供智能科技、器械及用于增强决策支持与临床控制能力的服务。其结果是：从药房到门诊都加强了医疗安全。少了一件担忧之事意味着少了很多麻烦事。

所谓名人，就是他被很多人认识，但是他庆幸自己不认识这些认识他的人。

H. L. 门肯（H.L. Mencken，1880–1956），美国记者，引自 "格言：人之心智"（Sententiæ: The Mind of Men），收录于《门肯选集》（*A Mencken Chrestomathy*），纽约：Alfred K. Knopf，1949年出版

TIAA·CREF：迪安·桥本
这是一个细节表现公信力的例子。接受过高等教育的人喜欢使用大学学位的缩写。于是，标题表示了迪安·桥本（Dean Hashimoto）是一位医生以及律师。该广告的创意在于这位极为成功的男人知道自己不了解什么。所以他选择了这家公司来管理他的资产，并暗示任何一个聪明的人都该作此选择。

创意总监	Michael Ward
文案	Michael Ward, Curt Mueller
美术指导	Don Creed, Steven Grskovic
摄影	Brad Harris
代言人	Dean Hashimoto
代理商	Ogilvy & Mather Advertising
客户	TIAA-CREF

迪安·桥本，文学学士·医学博士·法学博士·军医，现在终于有了个人退休账户。作为一个终生致力于追求知识的人，迪安·桥本在准备选择他的退休计划时做了一番功课。这就是他选择在我们这里建立个人退休金账户的原因，我们凭借超过80年以上的管理投资经验，服务于世界上最敏锐的头脑。当发现我们的个人退休金账户提供不同种类的投资选择和低费用支出时，他决定再加一项。明智的选择，来自非常明智之人。

Dean Hashimoto,
A.B., M.S., M.D., J.D., M.O.H., and now, finally, IRA.

As a man who's devoted his life to the pursuit of knowledge, Dean Hashimoto wasn't going to pick a retirement plan without first doing his homework. That's why he chose an IRA from us, the people with over 80 years' experience managing portfolios for the world's sharpest minds. After discovering that our IRAs offer a variety of investment choices and low expenses, he decided to add one to his resume. A wise choice, by a very wise man.

Log on for ideas, advice, and results. TIAA-CREF.org or call 800.842.2776

 TIAA CREF

Managing money for people
with other things to think about.^{SM}

RETIREMENT | INSURANCE | MUTUAL FUNDS | COLLEGE SAVINGS | TRUSTS | INVESTMENT MANAGEMENT

Dean Hashimoto became a participant in 1989. TIAA-CREF Individual and Institutional Services, Inc., and Teachers Personal Investors Services, Inc., distribute securities products. For more information, call (800) 842-2733, ext. 5509, for prospectuses. Read them carefully before investing. ©2002 Teachers Insurance and Annuity Association–College Retirement Equities Fund (TIAA-CREF), New York, NY 10017. Dean Hashimoto was compensated.

> **我们忽视了那些不只是因著名而伟大，而是因伟大而著名的男男女女。我们越来越倾向于将所有声望践踏殆尽。**
>
> 丹尼尔·布尔斯廷，美国历史学家，引自《形象：美国弄虚作假手册》（*The Image: A Guide to Pseudo-Events in America*），纽约：Harper，1961年出版，第二章

These are the shoes that built the City

These are the shoes, worn by the man who, for almost 40 years, traversed the Island to help install and manage the 1,600 elevators, escalators and travolators that transformed Singapore from a provincial City into one of the Dragons of Asia.

Over the last 150 years, the men and women at Otis—from mechanics and metallurgists to secretaries and scientists—have built the company, which built our cities. Today, we thank you for your brilliant contribution to a brilliant tradition.

OTIS

这是构建城市的鞋子。

这双鞋子的拥有者，在过去的40年间，穿梭于新加坡岛上，安装和管理着1600台电梯、自动扶梯和电动步道，这让新加坡从一个区域性城市成功转型为"亚洲四小龙"之一。

在过去的150年里，奥的斯的员工们——从机械师和冶金师到政治家和科学家——建立了这家公司，也建成了我们的城市。今天，我们感谢你为这个辉煌传统所作出的杰出贡献。

（对页左）

这是构建城市的帽子。

这是奥的斯大声喊出"一切平安"时向群众抛出的礼帽，割断了安全升降平台的绳索，从此宣布了现代化城市的构筑者——电梯的诞生。

在过去的150年里，奥的斯的员工们——从机械师和冶金师到政治家和科学家——建立了这家公司，也建成了我们的城市。今天，我们感谢你为这个辉煌传统所作出的杰出贡献。

（对页右）

这是构建城市的眼镜。

这是我们首席工程师的眼镜，他在过去的40年间监管了无数的技术创新，将乘客们的焦虑转化为安心舒适，直到电梯的操作简化到只需要按下一个按钮。

在过去的150年里，奥的斯的员工们——从机械师和冶金师到政治家和科学家——建立了这家公司，也建成了我们的城市。今天，我们感谢你为这个辉煌传统所作出的杰出贡献。

奥的斯：构建城市系列广告

奥的斯电梯公司，其业务遍布200多个国家。在其150周年庆之际，想要为全球制作一则可适用于任何语言的广告样板。最后生成的概念是一个由标识和故事组成的简洁的版式。它可被直接使用，也可以被修改以用来表彰某个人或者庆祝某个地区的重要节日。这个方案使得奥的斯在能够完成其全球传递统一信息任务的情况下，又成功地回避某些敏感的文化问题。

创意总监／美术指导　　Dean Alexander
创意总监／文案　　　　Robert Sawyer
代理商　　　　　　　　Alexander Design Associates
客户　　　　　　　　　Otis

赢得感情，也就赢得理智。

罗伊·威廉姆斯（Roy H. Williams），引自《广告魔法师》（*The Wizard of Ads: Turning Words into Magic and Dreamers into Millionaires*），德州奥斯汀：Bard Press，1998年出版

This is the hat that built the City.

This is the hat that Otis tipped to the crowd, as he called out "All safe," after cutting the rope, that had held up the platform, that was caught by the safety, and so introduced the elevator that would build the modern cities of the world.

Over the last 150 years, the men and women at Otis—from mechanics and metallurgists to secretaries and scientists—have built the company, which built our cities. Today, we thank you for your brilliant contribution to a brilliant tradition.

OTIS

These are the glasses that built the City.

These are the glasses worn by the chief engineer, who, for 40 years, oversaw countless innovations that turned passengers' anxiety into comfort, until the act of riding an elevator required no more thought than pushing a button.

Over the last 150 years, the men and women at Otis—from mechanics and metallurgists to secretaries and scientists—have built the company, which built our cities. Today, we thank you for your brilliant contribution to a brilliant tradition.

OTIS

全球之声

制定以简单图形为主的广告要比以文本为主的广告更为合适。

及时了解世界最新趋势。

全世界都在关注。

全球化对于广告行业来说并不新鲜。

广告公司是最早开展全球性业务的行业之一。今天，广告投入增长的比例甚至超过人口增长的比例，讽刺的是，与个人收入增长却不成正比。在很多广告都有很强的区域性的时候，商业的目标日渐全球化。跨国公司与他们的代理商们，渴望他们那些具有标志性意义的广告宣传活动能被全世界的潜在消费者所了解到。想要有效地达成该目的，需要制定一个全球之声或者一个能获得普遍理解的简单概念。通过调整一些因文化或民族之间的细微差别，全球之声必将诞生。

跨公司的创意合作早已存在。创意行业的人流动于城市与国家之间。事实上，即便他们并未搬迁，但是他们的概念和实践却时时都在移动。

受众为全球观众的广告需要注意以下几点：
1. 主体文案应该能被绝大多数人所理解；
2. 采用无国界的流行文化；
3. 制定统一的品牌形象；
4. 对不同的文化差异保持敏感。

我们发明了一种属于我们客户的语言，我们将 Motorola 改为"Moto"，它不仅适用于英语、粤语、汉语，甚至适用于葡萄牙语。我们创造了一个在全球范围内适用的简写。

丹·布瑞尔（Dan Burrier），Ogilvy & Mather创意总监，告诉本书作者

如果你想要赢得一位能帮助你实现目标的人的支持，首先要令他确信：你是他的挚友。这是一滴蜂蜜，足以俘获他的心，并将顺着你指引的康庄大道勇往直前，更有甚者，因为一旦你获得他的信任，说服他打消对你的提案的质疑和批判将会非常容易。

亚伯拉罕·林肯（Abraham Lincoln，1890–1865），美国总统，引自"致华盛顿戒酒协会的信"，1842年2月22日于伊利诺伊州斯普利菲尔德

全球之声并非强加于人，而是被听见的。在此，这一系列广告运动的创意人并非将理念强加于读者，而是选择聆听。他们听见消费者们称之为"Moto"，于是该昵称广泛地流行开来。消费者的口耳相传，好运加上简单的发音，直接导致了被创作者们称为Moto密码这一系列广告的诞生。"Moto"一词简单、轻快、开朗而且有绝佳的普遍流传性。最终，该文案极为有意义地将品牌、消费者以及广告联系起来。此处的海报是这个广告系列的一个部分，适用于英文以及日文（同样也适用于葡萄牙文，见第70页）。

创意总监　　　　Bill Oberlander, Dan Burrier
美术指导　　　　Michael Paterson
文案　　　　　　Chris Skurrat
摄影　　　　　　Platon
制作（素材采购）　Leslie D'Acri
代理商　　　　　Ogilvy NY
客户　　　　　　Motorola

跨世纪的创意没分寸。就如V70的前卫设计,全方位呈献360度旋转揭盖,纤巧之中MOTOGLO键光闪烁。要你身上的每一分每一寸,穿出个性戴出精彩。

V70

贴身MOTO

Introducing Intel® Centrino™ mobile technology.
The new wireless notebook technology designed specifically
for the wireless world. It not only lets you work, play and
connect without wires, it enables extended battery
life in a new generation of high-performance
notebooks that are thinner and lighter. This is your
invitation to unwire your life.

centrino
MOBILE
TECHNOLOGY

Unwire.

Intel has an urgent message for the wired world:

intel.

Intel：紧急消息（宣传册）
全世界都渴望现代化与自由。"无线"（Unwire）能同时
实现这两点（"Kable ab"在德语里与"sin ataduras"在
西班牙语里都表示"无线"）。首先，它对商业有实质的
好处，另外无线可以被隐喻性地延伸到生活本身。这个词
被清楚地翻译，也被运用于英语国家与母语非英语国家。
一个为新世界而诞生的新词。这则广告的文字内容被单独
列在一边，描述简洁但却具有利益驱动性……所以对全新
可能性的承诺显得更可靠并且切实可行。

无线。
隆重推出 Intel® Centrion™移动技术。
特别为无线世界而设计的全新无线笔记本电
脑技术。这不仅让你工作、游乐无线连接，
更薄、更轻的新一代高性能笔记本电脑也实
现了更持久的电池使用寿命。诚邀你进入无
线生活。
（上右）
Intel有一个紧急消息给有线世界：

文案　　　　　Steve Mulliken, Ken Segall
美术指导　　　Marcus Kemp, John Rea
代理商　　　　Euro RSCG Worldwide
客户　　　　　Intel

你必须明白，目前中国只有四百万到五百万辆汽车。现在，对于任何一个资本家，对任何一个商
人来说，这都是一个巨大的商机：一个去创造世界上最大的汽车市场的机会，一个去利用这个巨
人挣钱的机会。

赫伯特·乔·巩特尔（Herbert Chao Gunther），三藩市公告传媒中心，引自《广告与自我》，琴·基尔孟（发表人），哈罗德·伯汉姆及克
里斯·艾玛诺伊尔艾迪斯（Chris Emmanouilides）（制片人），1996年发行，片长57分钟，加州新闻纪录片

广告，无论推销的是汽车或者巧克力，它包围并且侵蚀着我
们，所以当我们说话的时候，会不自觉地直接或间接地使用广
告语言；当我们看待事物时也会被广告烙刻在我们心中的印象
所左右，广告的威力可能相当强大。

迈克尔·舒德森，引自《广告：艰难的说服——广告对美国社会影响的不确定性》，纽约：
Basic Books，1984年出版，第210页

道德规范仍然非常重要，无论
一家组织变得多么庞大，那些
该死的旧观念，如诚信、良知
以及名声，依然在全球市场中
扮演着重要的角色。

丹·威登（Dan Wieden），Wieden +
Kennedy合伙人，引自The One Club的
《One》杂志，2002年出版，第6卷，第2辑

#04

第四章

交互媒体

执行制作	Kip Voytek
制作	Shawn Natko
文案	Jason Marks
美术指导	Winston Thomas
资深设计师	Nathan Iverson
设计／开发	Andrew Hsu
Flash 设计	David Morrow, Patrick Kalyanapu
资深工程师	John Jones, Chuck Genco, Martin Legowiecki
交互设计师	Patrick Stern
资深交互设计师	Richard Ting
测试工程师	Justin Wasik, Jennifer Allen
代理商	R/GA
客户	Nike

NikeGo让孩子们做出积极的人生选择，就像马里恩做出鼓舞人心的决定一样。女性运动员更少地使用药物，但容易发生意外怀孕或出现饮食紊乱症。耐克鼓励年轻的女孩们在教练的引导下更多地参加充满乐趣的体育运动。最棒的是什么？他们专为儿童设计，来自儿童的设计！

你能做些什么？

点击下面的按钮！这很简单。每增加一次点击，NikeGo将捐助一美元给那些让儿童发现运动乐趣的项目。

网站、交互导览系统、电子标牌对文案的需求并不比传统媒体少。

尽管交互式媒体的空间兼具各式新突破并在不断地发展中，但是成功的关键还是在于如何出色地表达好创意。好的文案在这类媒介中的必要性与其在传统媒体中的相同，不同的是它需要满足某些更具体的要求。一种可能要求严格按照既定方案的目标与预算执行，另一种则可能允许天马行空。

在交互媒体中，文案必须明确创意与概念。文字至关重要，但必须符合媒介属性，就像电影需要脚本，网站也需要解说。

唯一例外的是写作的多样性。你的文案或许只是一个词"走"（go）以指明方向，或一句短语来强调语气与态度。你可能会觉得自己在撰写一页又一页描述性的信息。对于撰稿人而言，好消息是：揭开其神秘性，网站就是另一种形式的广告，与一则电视广告或一本型录无异。它只是另一种商业工具，另一个教育平台，或另一类消遣提供者。

撰写网页文案与撰写直效行销广告一样，你要了解目标受众并知道该如何打动他们。不论你的文案是属于机智或可爱类型，都以最大程度取悦顾客为好。诚然，你所撰写文案的有效性及其结果是可计算的，这将导致它不断地需要更新与修改。如果你知道什么是不可或缺的，那就在该补充的地方补上它。其实，所有的需求同其它媒体一样：明了、简洁以及生动。

在交互媒体中，文案不只是文字，它是创意与观念。

交互媒体就像电视广告或销售型录一样，只是在透过不同的媒介传播创意而已。

人们普遍认为在线阅读并不受欢迎，除非他们主动为寻找阅读某些东西而来。

对于文案撰稿人而言，重点是要知道需要写些什么，然后填上。

网站的文字需求是清晰、明确与简洁。

对撰稿人来说，这是一次建立"品牌"经验的时机。

耐克网站：篮球与女神

耐克的品牌动力源自情感，消费者信任这个品牌并认同它，况且这种认同还异乎寻常地强烈。耐克的拥趸们需要实实在在的东西，也需要精神上的某种态度。他们期望这两者能有趣地结合在网站上。更重要的是，用户喜欢在那些没有天花乱坠的广告中浏览网页。所以，网站撰稿人或撰稿人必须了解：

1. 他们写的是关于什么（鞋子或衣服）；
2. 文案背景（街头一角还是比赛中）；
3. 心态（攻击型还是长跑者的孤寂型）。

执行制作	Kip Voytek
制作	Afua Brown
助理制作	Patrick Soria
文案	Kristina Grish
美术指导	Rei Inamoto
资深设计师	Yzabell Munson
设计师	Johanna Langford
初级设计师	Jeannie Kang
平面图像设计师	Cassandra Brown, Eric Rosevear
技术主管	Scott Prindle
主程序员	Raymond Vazquez
Flash 程序员	Chuck Genco, David Morrow, Noel Billig
程序员	Charoonkit Thahong, Jungwhan Kim
交互设计师	Chloe Gottlieb
测试工程师	Jennifer Allen
客户总监	Karen Riley
代理商	R/GA
客户	Nike

整个广告界正在经历一次重大变革，这是因为人们不再观看三十秒广告这一事实（尤其是电视广告）。

比尔·斯夸德伦（Bill Squadron），引自"展望未来：交互技术即将改变观众体验体育电视节目"，佛罗里达州圣彼得斯堡《时代报》（Times），2001年7月14日

先前，网际网络像一个远大前程的孩子蒙蔽了父母。他被任意放纵，行为举止丝毫不像莫扎特，倒更像一个在丛林里长大的野孩子。今天，这个孩子得到了更好的管束。企业已经学会如何通过网站及其浏览者了解市场需求。所以，"是否够酷"已经不成为衡量网站优劣的标准。

尼克·劳，R/GA广告公司创意总监，告诉本书作者

自从我参与交互媒体的写作，就更加肯定了文案的价值。一个成功的网站除了要有自己的观点，还得要组织缜密。所以，我猜想很快会有一种源自网络的新语言诞生于世。

罗伯特·格林伯格，R/GA广告公司创始人、主席兼首席创意官，告诉本书作者

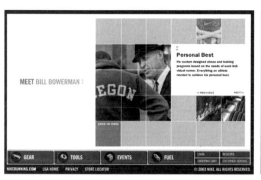
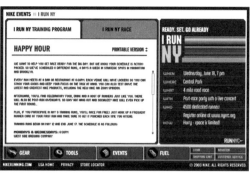

文案自内而外

撰写如此这般出色的文案，不仅仅需要对该题材熟稔于胸，撰稿人必须发自自己内心深处，从一个拥趸的视角去写。为网站撰稿的目的不是简单地描述或推销什么，而是演绎梦想如何变成现实。如果传递的情感诚挚，显示的效果逼真，那么就可以与其认同者建立关系。

执行制作	Kip Voytek
制作	Amy Weidberg
文案	Joshua Bletterman
美术指导	Rei Inamoto
资深设计师	Jerome Austria
插画 / 初级设计师	Mini Ham
资深设计师	Rich Mains
平面图像设计师	Jeannie Kang, Cassandra Brown
技术主管	Scott Prindle
资深Flash开发人	Noel Billig
资深Flash设计师	Mathew Ranauro, David Morrow
资深软件程序员	Stan Wiechers
软件工程师	Lucas Shuman, Jungwhan Kim
交互设计总监	Patrick Stern
交互设计师	Richard Ting, Sabine Seymour
测试工程师	Jennifer Allen, Justin Wasik, August Yang
制作协调	Patrick Soria
客户经理	Kate Depasquale
代理商	R/GA
客户	Nike

什么是Banner？

一种通过点击鼠标后即可使用户从一个页面转换到另一个页面的图像广告（或是一则带框的信息）。如同一则常规的广告，Banner里面的信息应该足以吸引浏览者的注意力，并促使他暂停正在浏览的页面而跳到另外页面去。Banner是一种可以引发即刻回应的独特广告形式。优惠券可能会躺在抽屉里几个礼拜；免费电话可能写在告示板上发黄而无人理睬；杂志可能逾时数周而不拆封，但是Banner就在读者的指尖之下，轻轻点击，浏览者立即来到了广告主的门前。

如何为交互媒体撰稿：

1. 要了解这是一种聚合图片、文字、声效、语音、音乐及视觉效果创造出来的体验；
2. 要懂得为交互媒体写作不需要特别的技巧，只是在该要有文字叙述的地方就得有字；
3. 保持开放的思维及好奇心；
4. 深谙它是一种需要导入技术、商业及创意人才通力协作方能获得成功的媒介；
5. 真实并真诚；
6. 了解并满足浏览者之所期望；
7. 以真实世界里对客户说话的方式去写；
8. 快捷地以客户想要的方式提供资讯；
9. 忠于策略；
10. 始终想象面对浏览者写作。

（上左）
最佳记录
比尔·鲍尔曼根据每一位跑步运动员需求，设计运定训练计划。专注于每一个细节，为了每一位运动上的最佳表现。

（上中）
快乐时间
我们想帮你为那个盛大的日子做好万全的准备，但你的行程紧密。所以我们安排了8种不同的跑步训周4天在曼哈顿和布鲁克林做战略性休整。
下午六点，每一个跑步训练课程结束后都会在酒吧合。每一个场馆都会为你提供储物柜，让你存放物于当下的训练任务。同时，你可以试用最新、最棒品，包括最新款的Nike Air Zoom Spiridon运动鞋。然后，你可以在享受美味的食物和饮料的同时，结一样的跑步运动员。训练过后更有礼品赠送，还有来参加耐克的社交活动吧！耐克更为第一次参加的接送服务。
此外，如果你想参加任何额外训练项目，你将享受你只需在第一次参加时领取一张跑步里程积分卡，次参加都打卡签到即可。整个跑步训练课程将于5/始，6月17日结束，行程如下：
……

（上右）
你是否想要实现梦想，也许是拯救生命？如果你曾马拉松，却因为不知从哪儿开始而最终放弃，赶快训练小组"（Team in Training）吧！我们为你提供课程，帮助你实现目标。TNT是一个为了白血病及而建立的资金募集项目，筹集资金救助白血病，何何杰金氏淋巴瘤、骨髓瘤等疾病患者。
作为TNT的一家全国赞助商，耐克承诺组织全国最育训练项目——2003年秋季国际长跑运动会，而机会赢得一次在峡谷牧场SPA俱乐部的双人七日游仅限美国50个州18岁以上的合法公民参加，最后月31日在华盛顿揭晓幸运获奖者。更多TNT和幸请登录网站查询。

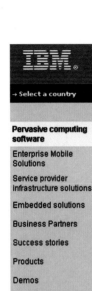

Pervasive computing
It's about time

With pervasive computing solutions you can speed the flow of information to and from your managers on the road, your remote sales and service people. Your business processes can accelerate. You can stay in sync with the constant change of customer demands.

The momentum of the game has shifted. The open, industry-standard technologies of pervasive computing and e-business on demand create adaptive, responsive organizations which are seizing the advantage. IBM leads the way in helping create these mobile, flexible businesses that perform on demand. Industry analysts agree. The Yankee Group rates IBM "first among the enablers of enterprise mobile computing solutions."

Now we're extending our leadership with new, more flexible software and solutions. The IBM Mobile Office Entry Jumpstart Solution offers a low startup cost that lets your wireless initiatives start small, then grow to enterprise scale at any pace you choose. WebSphere® Everyplace™ Access Version 4.3 is our enhanced flagship product for mobilizing e-business, and is also available in a Starter Edition. Explore the links below for more details, and step over a threshold where time expands.

→ Register for the Mobile Access InfoKit and the pervasive computing e-mail newsletter

Home | Products & services | Support & downloads | My account
Pervasive computing software

Pervasive computing software
Enterprise Mobile Solutions
Service provider infrastructure solutions
Embedded solutions
Business Partners
Success stories
Products
Demos
Literature
Education
News & events

WebSphere software

Get your mobile e-business info kit today.

Questions
→ Contact a pervasive computing specialist today.

Press Releases
→ IBM Launches Software and Solution to Help Businesses Extend Key Information to Mobile Workers

Related Links
→ Wireless solutions
→ Pervasive computing

Pervasive computing
Anywhere. Anytime. On demand.

Home | Products & services | Support & downloads | My account

Pervasive computing software
Enterprise Mobile Solutions
Service provider infrastructure solutions
Embedded solutions
Business Partners
Success stories
Products
Demos
Literature
Education
News & events

Resources:
Developers
Pervasive computing software resource

Pervasive computing is personalized computing power freed from the desktop, enabling information access anywhere, anytime, on demand.

Explore the range of IBM wireless & mobile solutions.

It's about time
Pervasive Computing delivers mobile solutions that accelerate business.
→ Learn more

Solution areas
Learn how pervasive computing empowers businesses to create applications and services for a new generation of computing devices

Enterprise mobile solutions & contact centers
Middleware solutions that help enterprises extend the reach of business applications and productivity tools in mobile e-businesss and customer care

Service provider infrastructure solutions

Why IBM
Learn why IBM is the right choice

Freedom - IBM pervasive computing and open standards

Innovation - Leadership in multimodal technologies

Globalizing e-business - Learn more about IBM's machine translation solutions

IBM software in action
Read news & customer success stories

Download your Pervasive Computing screen saver today (2 Mb)
More demos

Get your Contact center and Mobile e-business info kits today
More literature (whitepapers, brochures, etc)

Questions?
→ Contact a pervasive computing specialist today. Sales | Technical

---

IBM网站：普适运算

动态图形、动画、音效或许可以增强用户的体验感。就文字而言，这种媒体的好文案就是了解所需，然后将其记录在案。此处的需求无异于其它媒介：中肯、清晰、简洁。很显然，是文案扮演了如下角色：1.交待功能（菜单及链接）；2.提供说明（文字或正文）；3.创意性（标语与副标题）。

执行制作	John Antinori
制作	Jason Tal
助理制作	Alan Ho
制作协调	Patrick Soria
美术指导	Alex Suh
设计师	Christian Kubek, Kohsuke Yamada
交互设计师	Daniel Harvey
程序员	David Yates, Jason Soncini, Sunny Nan
测试工程师	Juliana Koh
客户总监	Michelle Mora
客户经理	Susanna Tully, Joy Tumbokon
代理商	R/GA
客户	IBM

普适运算，是时候了。

通过普适运算解决方案，可以加速你在旅途中与经理、远程销售和服务人员之间的信息流往来，加速你的业务进程。你可以与客户不断变化的需求保持同步。

游戏的动量已经改变。随需应变的普适运算和网购商务以其开放、标准化的技术创造了适应性强、反应敏锐的有机体，伺机而动。IBM领先协助创建这些可移动、灵活的业务应对需求。行业分析师认证。扬基集团将IBM誉为"企业移动运算解决方案的第一人"。

现在，我们将领先领域延伸到全新的、更灵活的软件和解决方案。IBM Mobile Office Entry Jumpstart解决方案提供低启动成本，让你的无线网络计划随心所欲地从小做起，渐而成长为企业规模。WebSphere® Everyplace™ Access 4.3版是我们针对移动网购商务推出的强化版旗舰产品，我们亦提供其简化版。点击以下链接，了解更多详细信息，跨越时间无极限。

第一步总是：我们想说什么……以及我们怎样来描述它?这就是为什么我不能想象没有广告文案撰稿人一起工作的日子。除非我们所有的人都有心灵感应，否则永远都有文案写作的必要。

稻本零（Rei Inamoto），R/GA广告公司资深艺术总监，告诉本书作者

#05

亲吻销售

第五章

型录与长文案

The company we've grown to be.

Altria Group, Inc. is the parent company of Kraft Foods, Philip Morris International and Philip Morris USA.

A company whose past is firmly planted in success, through years of strong financial performance and global reach. Whose broad branches are blue chip operating companies that make many of the world's best-known brands: Marlboro, Maxwell House, Nabisco, Parliament, Ritz and over 160 more. Many of these brands have revenues in excess of $1 billion, and dozens more are valued at over $100 million each.

Altria is a family of companies with many roots: from a man named Philip Morris opening a tobacco shop in London; to the creation of a breakfast cereal in Battle Creek, Michigan, by C.W. Post; to a cheese company started in Chicago by James L. Kraft; to Johann Jacobs establishing a coffee business in Bremen, Germany.

Through growth and acquisition, these and other businesses have made us the broad-ranging family of companies that we are today. Our new identity will help provide greater clarity about the structure of our family of companies.

Kraft Foods Philip Morris International Philip Morris USA

有些商品与企业不是用30秒的TVC或全版印刷广告足以传递其讯息。

复杂的资讯可以透过宣传册及其它类似印刷品作为载体传播。这类媒体通常都传播一个相同的核心内容,苦心孤诣的设计或萃取概要,只是规格上可以小到口袋便携式或大到夸张。广告代理商、平面设计公司、企业行销部门都会经常制作宣传册。

撰写成功的长文案与成功的广告文案之间的区别在于它们的浓缩程度及文体要求。一则广告在你满意之前通常都得写上十多次,这需要毅力。但对于长文案而言,需要的则是耐力。在通过客户层层审核的过程中,必将经历那些错综复杂的细节及不可避免的修改,这需要你保持对工作的热情。

然而,大多数广告从业者认为,为宣传印刷品撰写文案是一件乏味的苦差。故此,多数优秀的撰稿人都避免承揽此活。可是,如果你想要成为一名独立文案撰稿人,或在全职工作之余赚点零花钱,为那些宣传印刷品撰写文字是一门必须掌握的手艺。

宣传册及广告印刷品的写作与图书或散文的写作有着某些共性。其中宣传册像图书有效性更持久,不像杂志广告那么短暂,更遑论报纸或电视广告般昙花一现。它具有一定的保质期。

良好的宣传册撰写能力需要通过时间与经验的历练而成。

有些宣传册的生命力很持久,电视、期刊广告则不然。

为宣传册撰稿并非一桩令人称羡的工作,但足以养家糊口。

长文案意味着更长的生命力。

我们想要成为的公司。
Altria集团是卡夫食品公司、菲利浦·莫里斯国际公司(Philip Morris International)及菲利浦·莫里斯美国公司(Philip Morris U.S.A)的母公司。
通过多年的强势财务业绩表现和全球化扩张,这是一家在过去的岁月里稳固植根于成功的企业。其广泛的分支机构都是蓝筹运营公司,旗下拥有包括:万宝路香烟、麦斯威尔咖啡、纳贝斯克食品、百乐门香烟、Ritz酒店等在内的超过160个享誉世界的知名品牌。其中,许多品牌的年收益超过10亿美元,还有更多品牌其价值亦分别超过1亿美元。
Altria集团是一家根基深厚的家族企业:从一个名为菲利浦·莫里斯的人在伦敦经营第一家烟草店,到C. W. 波斯特在密歇根州巴特克里市对谷物早餐的创新发现,到詹姆斯·卡夫在芝加哥开创芝士工厂,到约翰·雅各布斯在德国柏林建立咖啡业务。
通过成长和收购,所有这些业务的广泛分布成就了我们今天企业家族的多元化。我们的新身份将有助于我们提供更透明的企业家族结构。

广告是一种去感知与传递的能力,透过文字、纸张、油墨去表达一桩买卖中最为人激赏的部分。

李奥·贝纳,广告先锋,引自琼安·库芙琳(Joan Kufrin),
《李奥·贝纳:摘星的人》(*Leo Burnett: Star Reacher*),
芝加哥:Leo Burnett公司,1995年出版,第54页

© Altria Group, Inc. 2003

What Is Altria?

Altria: Altria是谁?

当一个全球巨人要改变形象时，其所涉事务岂止千头万绪、错综复杂所能道尽。讲述这种程度复杂的情节，通常采用最简单的方法是最有效的。此处采用的问答形式不仅预见了潜在的复杂问题，并在表述了身份的同时拟订了讨论方向。结果是所有问题都得到解答，更没有存在被误解的可能。

承蒙Altria支持，特此致谢！

> **对人性的深刻洞察是传播者的重要技能，所以撰稿人关心的是他写下的内容；传播者关心的是读者从这些内容中接收到的信息，所以撰稿人需要悉心研究人们如何阅读以及聆听。**
>
> 威廉"比尔"·伯恩巴克，广告先驱，选自《比尔·伯恩巴克说》，纽约：DDB Needham Worldwide，1989年出版

CUSTOMIZING YOUR MINI

Air Fresheners. Nothing beats that new car smell. But life happens. You suddenly take up ferret breeding. Your MINI becomes possessed by the spirit of a recently-deceased skunk. You chauffeur a couple of your alma mater's lacrosse team players who leave their sweaty gear in your backseat. Eventually, you may want to spruce things up:

Sprig of Pine. Forget the faux eau-de-public-toilette imitations. The real thing is sweeter, and it's free. Or substitute fresh rosemary from your grocer's produce section.

Peel and eat a ripe tangerine. Toss rind portion on floor area of vehicle. Park in direct sun.

Fresh-baked chocolate chip cookies. Recommended for first dates. Make them yourself, or hit the bakery on the way to her place. Don't overdo it. It's a subliminal thing. You want her thinking "nice homespun boy," not "Suzie Homemaker." (FEMALE OWNERS: Substitute fine cigars in glove box "humidor" for cookies.)

Fig. 12 MINI Magical Motoring Ball. The perfect complement to optional on-board GPS navigation. "Should I supersize my onion rings?" "Signs point to yes."

14

CUSTOMIZING YOUR MINI

Cockpit Toggle Switch Conversation Starters
Refer to your factory-authorized MINI owner's manual to familiarize yourself with the layout of all dashboard instrumentation. Then refer to the pre-printed labels (included with this manual) for your own personalized customization.

Proper Use of Bumper Stickers
Recommended:
1. Motorer-related stickers function like post cards to strangers from a life well-lived: "This car climbed Mt. Washington", "I got my kicks on Route 66", "Bat out of Carlsbad Cavern". (Fig. 13)
2. Law School Alumni window decals will make others think twice about messing with you in a Constitutionally-inappropriate manner. (Fig. 14)

Fig. 13

Fig. 14 What it says: You're a magna cum law-abider.

定制你的Mini。
空气清新剂。没有什么比新车的味道更令人难以忍受的了。但生活中的确偶有发生。你突然间像是从事雪貂繁殖工作。你的Mini像被刚死去的臭鼬附身了一样。你给校队的曲棍球队员当司机，有人把他们的汗淋淋的球具装备留在你的后座上。最终，你可能想让一切都整饬一新：
小松枝。别忘了人造公共厕所清新剂的仿制品。事实更美好，因为它是免费的。或者从杂货店的商品柜里选购清新的迷迭香作为替代品。
吃一个熟透的桔子。把剥下来的果皮扔在车厢地板上。在阳光直射的地方停车。
新鲜烘焙的巧克力饼干。初次约会的推荐。亲手制作，或者在去接她的路上选购。别做过头。这是潜意识的。你要让她觉得你是个"朴实的好男孩"，而不是"家庭主夫"。（女性车主：在仪表盘旁手套箱的"雪茄保湿盒"里放置上好的雪茄，用以代替饼干。）
驾驶座按钮开关
对话开场白
参考Mini车主的原厂设置手册来让自己熟悉所有仪表盘装置的布局。接着，参考预先打印的标签（包括这本手册）来完成你的个性化定制。
恰当使用保险杠上的标贴
建议：
1. 与车主相关的标贴作用就像一个生活美满的人寄给陌生人的明信片："这辆车攀登过华盛顿山峰"，"我刚从66号公路回来"，"来自卡尔斯巴德洞穴的蝙蝠"。（图13）
2. 法律学校校友的窗贴会让人三思，和你在一起是个不合时宜的举止。（图14）

商业的艺术在于深谙一个产品的问题以及契机所在，然后明白怎样在公司或者产品与最终消费者之间建立一条纽带。

约翰·斯汀利（John Stingley），引自广告文案圣经《全球32位顶尖广告文案的写作之道》，英国：RotoVision，2000年出版

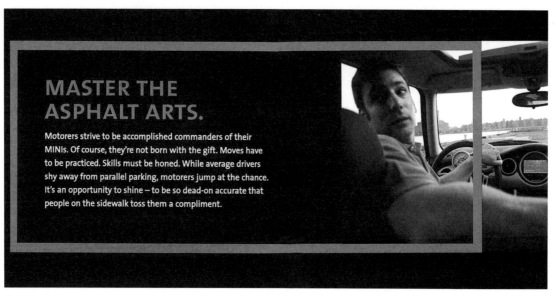

MASTER THE ASPHALT ARTS.

Motorers strive to be accomplished commanders of their MINIs. Of course, they're not born with the gift. Moves have to be practiced. Skills must be honed. While average drivers shy away from parallel parking, motorers jump at the chance. It's an opportunity to shine – to be so dead-on accurate that people on the sidewalk toss them a compliment.

Mini：驾驶之书 / 未经授权的车主指南

教育与灌输，激动与喜悦。这份宣传印刷品成就了杂志广告所不能之事：深入探索了该品牌。一本小册子可以被阅读、重读、查阅、传阅及保存。宣传册不只是对定期发布广告的支援，更充当了品牌建设的重要伙伴。最终，它突破了作为销售材料的角色而成为品牌的精神读物。

掌握街头赛车艺术。

车主竭尽全力想成为他们Mini的完全掌控者。当然，这不是他们与生俱来的天赋。一举一动都需要久经锤炼。当停车场的其他司机羞愧地离开时，是时候车主们把握机会一显身手了。这是闪亮登场的好机会——时机恰到好处，引来路人报以溢美之词。

创意总监	Alex Bogusky
助理创意总监	Andrew Keller
美术指导	Ryan O' Rourke, Tony Calcao
文案	Steven O' Connell, Ari Merkin
代理商	Crispin Porter + Bogusky
	(Creative Dept Coordinator Veronica Padilla)
客户	Mini

宣传册写作要求：

1. 处理细节的能力；
2. 容忍必要的修改；
3. 精通长文案；
4. 讲述故事的天赋；
5. 耐力；
6. 专注；
7. 自律；
8. 热情；
9. 实践。

宣传册的组成元素与杂志编排类似之处：

1. 主标题；
2. 副标题；
3. 标注；
4. 边栏；
5. 正文。

长文案撰稿贴士：

1. 组织故事的概要或罗列基本要素；
2. 制定文案的开始、过程及结尾；
3. 从客观或主观事实出发，尽可能地了解产品或服务；
4. 要知道读者开始阅读文案就意味着他们真的对产品产生了兴趣；
5. 尊重读者；
6. 让读者对产品有更多了解；
7. 要让他们在读完文案后觉得自己更为聪明；
8. 提供有用的资讯；
9. 使用简洁、清晰的语言。

■R/GA

（下左）
挑战
为了建立款式时尚和追求卓越的消费意识，耐克专为女性而设
计的产品，她们积极、自信、大胆——想变得性感的假小子，
幽默感十足——并为此建立了一个独特的在线购物体验。
解决方案
网页的中央是"试穿一下"部分，这里供使用者进行各种服装
搭配。"试穿一下"极具创新特色，让在线浏览产品充满乐趣
和轻松惬意。这项独特的购物体验融合了操作简易和耐克的两
个最伟大的功能性资源：时尚的产品和明星运动员。
技术应用
Dynamo & Flash
（下右）
挑战
简化世界上最大的公司网站。让消费者、业务及合作伙伴轻松
浏览IBM.com网页信息，其450万个错综复杂的网页迷宫覆盖超
过100个国家数十种不同语言。帮助用户既不求助于搜索也不放
弃在线购买。
解决方案
R/GA广告公司对IBM.com网站的重新架构和重新设计简化了用
户体验，其通过消除对相似内容的访问路径，以及为页面布局
和导航栏及主要页面内容的位置建立独特的标准。全球焦点小
组测试使R/GA广告公司成功攻克以设计取胜。重新设计戏剧性
地简化了IBM.com在其他国家本土化创建的工作量，同时又为本
地市场信息提供了灵活适应性。
技术应用
AIX、IBM Httpserver、Apache

HERE. WE MOVE WITH PURPOSE.

The landscape has shifted. Priorities have changed. Players have come and gone. Again. We've been through this before. Over the last 25 years, we've seen the industry change and change again.

We have prospered over the years by creating something unique. A studio that transcended charismatic individuals. A business that has weathered difficult times and has prospered. A company that has successfully made the transition from traditional to new media. And we have done it organically, not through acquisition, but by building from within.

What we are being asked to make today is different from what was asked last year, five years ago, 20 years ago. Our emphasis has changed from print, broadcast and feature films to interactive media, but the essence of our work hasn't changed. We continue to provide creative solutions that employ breakthrough technologies to advance our clients' objectives.

THE VIEW FROM HERE

R/GA：功能型宣传册

用自己的语气讲述自己的故事。创作只属于你的客户并能激发潜在消费者兴趣的内容。如果有大量的文字需要描述，正如该宣传册一样将其分解成由小标题与简短的独立引言组成的若干小段落。这样的方式让即使是随意翻阅的读者亦可捕捉到该文主旨，而那些从第一页翻到最后页的认真阅读者更会深刻了解广告主。

在里里。我们向着目标前进。

物是人非。斗转星移。周而复始。一切似曾相识。过去的25年间，我们见证了这个行业的跌宕起伏。我们通过独一无二的创作成就了过去岁月中的辉煌。一间魅力超凡的工作室。一份历经艰辛终有所成的事业。一家从传统媒体成功转型为新型媒体的公司。我们做到了从内部系统构建，而非借由收购。

客户对我们的期待与去年、五年前或者二十年前已有所不同。我们的焦点已经从出版、广播和电影转向了交互媒体，但是我们工作的本质并没有改变。我们将持续为客户提供创意方案，应用突破性技术推进他们的目标。

首席创意官	Robert Greenberg
文案	Robert Sawyer
美术指导 / 设计	Nick Law
摄影	Gary Waller
代理商 / 客户	R/GA

我可以比那些写得快的人写得更好，也可以比那些写得好的人写得更快。

A. J. 李伯龄（A.J. Liebling），美国记者，引自《恣意妄为的报人》（The Wayward Pressman）（《纽约客》专栏及其他作品合集），纽约花园市：Doubleday，1947年出版

Outsourcing is not merely a viable alternative to manufacturing; in many cases, it has become the preferred means of acquiring new lines or creating custom instrumentation. KMedic, the leading supplier of orthopedic surgical instruments in the United States, is a certified vendor to many of the world's most respected orthopedic and spinal companies. In this capacity, KMedic offers companies a one-stop source for instruments when it is neither advantageous to manufacture them nor practical to acquire them piecemeal. Whether your company requires modifications of existing designs or crafting of entirely new instruments, we invite you to call and discuss how KMedic can provide the instruments you require.

KMedic

在许多情况下，或者定制器械设备。
KMedic作为引领美国整形外科手术器械的
制造商，是一家经许多世界驰名外科整形和
脊柱整形公司认证的供应商。与此同时，当
收到既不利于投入生产又在实际操作中零散
定制需求时，KMedic为客户提供一次性器
械来源。无论您的公司是需要修改现有器械
设计或全新的器械工艺，我们诚邀您致电与
我们讨论如何让KMedic能提供给你梦寐以
求的器械。

KMedic: In the Tradition of the Masters

Instrument making is a highly developed craft and the craftspeople who make KMedic surgical instruments are the modern heirs to this ancient art. It is also a vocation that has respected its traditions over the centuries. So, while new techniques have kept pace with advances in surgical practices, the essence of the craft has changed very little. Today, computers and other advanced technology aid in the manufacture of instruments, but it remains the skills of gifted instrument makers that turn raw steel into the finely honed tools ready for the surgeon's hand.

An Extension of the Hand

At KMedic we see instruments as an extension of a surgeon's hand. Therefore, we demand from our instrument makers: precision and reliability, consistency of pattern and uniform surface, all at a good value. To ensure this level of quality, every one of our suppliers must meet the requirements set by our Quality Assurance program. Only when they have met these strict standards do we qualify an instrument as KMedic Certified.

The idea that the instrument is an extension of the hand is more than a romantic notion at KMedic. It is directly related to superior performance. Surgeons who work with KMedic instruments have reported that they satisfy on many levels. First, like any well-crafted tool, they feel very good in the hands. Second, they function extremely well. Taken together, these two feelings translate into greater confidence and ease.

Evolving Tradition

As we're all aware, new surgical techniques create a continual need for improved instrumentation, as well as for the introduction of entirely new instruments. KMedic responds to these needs by working with leading orthopedic companies as well as individual surgeons to develop innovative instrument solutions. However instrumentation evolves, we firmly believe that the orthopedic community will continue to benefit from the enduring value of highly crafted instrumentation.

Helmut Kapczynski
President & CEO

What to Look for in a KMedic Certified Instrument

On the surface it's difficult to tell one instrument from another. But, in fact, many qualities distinguish KMedic Certified Instruments from those of other manufacturers. Our instruments are the product of a working knowledge of the surgeon's art, exacting manufacturing specifications and strict adherence to our Quality Assurance program. From its origins as an idea, to the crafting of the prototype, to its appearance on a surgical tray, it takes approximately 80 steps to create a KMedic Certified Instrument.

At every stage of the manufacturing process, superior quality is built into our instruments. Nevertheless, before our instruments find themselves in a surgeon's hand, they are subject to an inspection process that includes:

· Visual inspection against a master sample to assure pattern consistency

· Exacting caliper and micrometer measurements of critical dimensions

· Function tests to ensure adherence to performance standards

· Surface audits to detect imperfections and irregularities

· Corrosion and hardness tests to guarantee functionality and longevity

· Maintenance of product history

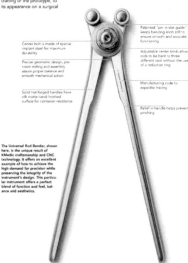

Patented "pin-in-slot guide" keeps bending knob still to ensure smooth and accurate functioning

Adjustable center knob allows rods to be bent to three different radii without the use of a reduction ring

Manufacturing code to expedite tracing

Relief in handle helps prevent pinching

Center bolt is made of special implant steel for maximum durability

Precise geometric design, precision milling and assembly assure proper balance and smooth mechanical action

Solid hot-forged handles have silk matte hand-finished surface for corrosion resistance

The Universal Rod Bender, shown here, is the unique result of KMedic craftsmanship and CNC technology. It offers an excellent example of how to achieve the high demand for precision while preserving the integrity of the instrument's design. This particular instrument offers a perfect blend of function and feel, balance and aesthetics.

页下）
lic：继承大师的传统
制作是一个高度发达的工艺，制
Medic手术器械的工匠是这门古
术的现代继承人。这也是一份深
个世纪以来的传统影响而广受尊
职业。所以，当新技术在手术实
与时俱进地对工艺进行改良的同
其工艺的本身并未产生质的变
今天，电脑和其他先进辅助科技
用于器械的生产中，但这仍然是
极具天赋的工匠们所持有的超凡
，他们将原始的钢精细打磨成外
生手上随时待命的工具。

延生
Medic，我们见证了器械作为外科
手的延生而存在。因此，我们需
们的器械工匠们做到：精准性、
性、模型一致、表面平整均匀、
都物有所值。为保持这一质量水
我们的每一家供应商都必须严格
我们品质保证计划的要求。只有
达到了这些严格的标准，才能确
们每一件器械都符合"KMedic
"。
械，手的延生"这一概念不仅仅
Medic浪漫主义的定义，这直接与
优越相关。使用KMedic医疗器械
科医生表示在很多层面上他们都
满意。首先，就像任何精心制作
具，他们觉得手感很好。其次，
功能非常卓越。总而言之，这两
受转化为巨大的信心和从容。

传统
周知，新外科手术技术创造了对
改良和引入全新器械的持续需
KMedic通过与行业领先外科整形
和私人外科医生合作的方式，共
发创新器械改进方案。然而随着
的进化发展，我们坚信外科整形
将从高度精心制作而成的器械的
价值中持续获益。

Medic认证器械中寻找什么
面而言，很难对器械作出区分。
实上，很多质量因素让KMedic认
械有别于其他制造商的产品。我
器械是外科医生的艺术应用于产
体现，并严格遵守生产规格及我
质量保证计划。从最初的一个想
到标准工艺，到出现在外科手术
托盘中，打造一把KMedic认证器
历经大约80个步骤。

造工艺的每一个阶段，优良的品
入到我们的产品中。不仅如此，
们的器械到达每一位外科医生手
前，都将接受以下检查：
照标准模型检查外观以确保其一
性
能测试以确保符合性能标准
面审核以检查缺陷或不符合规格
蚀性及硬度测试以保证其功能性
持久性
品历史维护

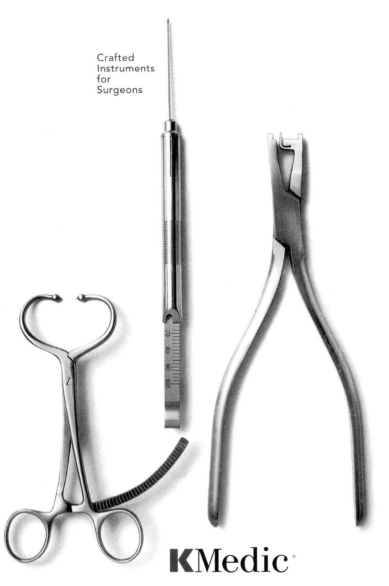

KMedic
Private Label

Crafted
Instruments
for
Surgeons

K|Medic®

KMedic：KMedic自有品牌
专业人士与工程师们都需要了解
细节，知识是他们养家糊口乃至
安身立命之所在。他们认为细节
决定一切。所以他们对那些泛泛
而谈或自以为聪明的言论无法容
忍。与那些深谙就里的读者沟通
的最好方式就是成为其中的一
员。

创意总监/文案　　Robert Sawyer
设计/美术指导　　André Schuetz,
　　　　　　　　Jea Hoon Shim
摄影　　　　　　Amos Chan
代理商　　　　　Alexander Design
　　　　　　　　Associates
客户　　　　　　KMedic

就经济学而言，事实上广告就是一个简单的现象。它只是一个推销员的替代品，或进而言之，如果你愿意的话，也就是大声吆喝叫卖。

罗瑟·瑞夫斯，引自《广告实效》（Reality in Advertising），纽约：Alfred A. Knopf, 1986年出版，第145页

#06

第六章

名字及命名

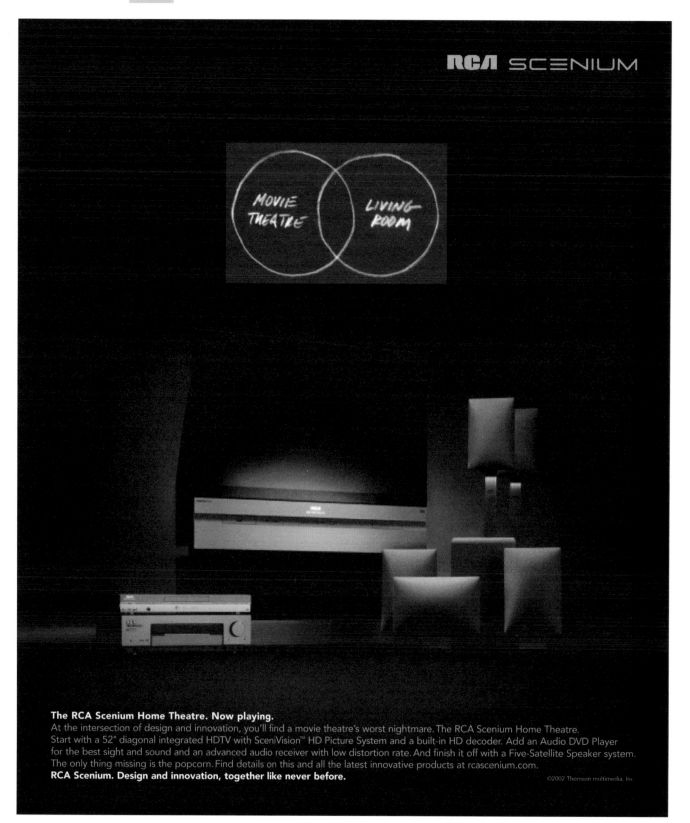

<u>RCA 场景元素：电影院 / 起居室</u>

RCA选择为新产品发明一个新的名字。"场景"（Scene）这个词加上后缀"元素"（ium）在一起组成了"场景元素"（Scenium），提供的是感官影院，在这里其实特指家庭影院。其目的是创造一个既能够突出综合媒体功能，又能让人感受到"先进的技术水平"的词。（"场景元素"这个词同样也被RCA的母公司Thomson使用，该公司位于欧洲。）

<u>RCA Scenium家庭影院。正在播放。</u>

处在设计和创新的十字路口，你会发现电影剧院最糟糕的噩梦。RCA Scenium家庭影院。首先是52寸对角线集成高清电视，拥有SceniVision™高清图像系统及内置高清解码器。再加上DVD音响播放器提供最佳视角和最佳声效，高端音响接收器保持极低的音效失真率。唯一缺少的就是爆米花了。

文案	Mark Ronquillo
美术指导	Niko Courtelis
印刷制作	Yajaira Fierro
代理商	Lowe
客户	Thomson/RCA

命名是一个商业决策，不是一项创意选择。

任何事物都需要设计，都必须被命名。新公司和新产品只有被命名后才能参与全球市场竞争。

那么，给这些公司命名的都是什么人？有的时候是这些广告主他们自己，例如Arthur Andersen顾问公司，在雇员中举行了一场为公司命名的比赛，最后胜出的名字是Accenture。广告公司和一些品牌顾问也参与命名的工作。企业形象设计机构朗涛（Landor Associates）曾帮助Philip Morris更名为Altria。

如果你是一位被雇用以从事名字方面创作的撰稿人，你会发现自己将与哲学家、符号学家、其他文案撰稿人，甚至一些诗人合作。一个正确的名字到底有多重要？各方的意见不尽相同，有的认为名字的作用无足轻重，有的则认为名字事关成败。无论如何，每个人都同意名字执行着各样的战略功能。例如，贝尔实验室（Bell Labs）在其转向光纤制造之后，更名为朗讯（Lucent）。任职朗涛的艾伦·亚当斯（Allen Adamson）曾指出"朗讯"这个名字格局更大也更有生气。

以下情况出现时，公司即会需要更名：
1. 合并；
2. 出让后更换品牌故事；
3. 由销售产品发展到提供服务，反之亦然；
4. 转换经营跑道。

一些公司更名的原因：

1. *Mallory Battery* 公司更名为*Duracell*（该公司主营蓄电池）：
   将消费者的注意力从不具有意义的公司创办人名字，转移到一个有实际意义的名字。

2. *Extendicare* 更名为*Humana*公司（该公司主营医院／保健设施）：
   将公众对其认知从"福利库"或者平庸的治疗服务转变为更高一级的人文关怀。

3. *MMA (Micro-modeling Associates)*更名为*Plural*（该公司主营高端电脑系统）：
   为了反映公司采用的以团队为单位的特色管理模式。

4. *KPMG Consulting*公司更名为*BearingPoint*（该公司主营企业顾问）：
   为了提出一种新的目标感以及承诺。

品牌赋予了名字价值

归根结底，重要的仍然是品牌，而不是名字。Lippincott Mercer的詹姆斯·贝尔（James Bell）认为也许名字并没有太大关系："重要的是你怎样运用这个名字。比如说，没有任何一个词能像NIKE这样代表着优质的运动鞋。尽管事实上这个词来自于古雅典胜利女神的名字，但也可以作为一个日本运动型轿车或一个笔记本电脑的品牌名。"我们之所以认为NIKE是个好名字，是因为这个品牌极其出色的定位、对品牌竭尽全力的呵护，以及其清晰、充满力量和稳定性的品牌经营之道。

隐喻
一种比喻方式，用单词或者短语的字面意思比喻同一类型的对象或概念，从而指出他们之间的相像之处或者相似性。例如："我的女友是女神。"

明喻
一种比喻方式，通常用"像"或者"如"来连接两个不同的事物之间的比较。例如："她的脸颊像玫瑰花。"实质上与隐喻相同，但需要用"像"等比喻词。

一个好名字很简单（JetBlue Airlines公司的名字极容易发音，又容易拼写）。
一个好名字很真实（Snapple果汁饮料代表了清新与活力）。
一个好名字是有关联性的（Polo代表了一个英国／美国形象，而Phat Farm* 代表了城市文化）。
（译注：Phat Farm是知名的Hiphop服饰品牌，由著名的Hiphop Def Jam唱片公司于1992年创立。）

广告大师大卫·奥格威在其职业生涯中曾为几十个新产品提出过命名的建议，但无一被采纳。

好的命名需要难题解决者们集中精力并拥有绝对的毅力。

不太具有创造性但却擅于解决问题的人，通常是优秀命名人的最佳人选。

现在剩下的有价值的词已经非常少了。

布兰登·墨菲，合伙人，Lippincott Mercer公司企业形象和品牌咨询顾问，纽约

命名本来就是一个有难度的而且充满感性的过程，同时也非常折磨人。以一个典型的名字提案报告来说，需要递呈500个名字。

詹姆斯·贝尔（James Bell），Lippincott Mercer企业形象和品牌咨询顾问，纽约

玫瑰即使唤做别的名字，也依然甜美芳香。

威廉·莎士比亚，引自《罗密欧与朱丽叶》，第二幕，第二场

玫瑰就是玫瑰就是玫瑰就是玫瑰。

格特鲁德·斯泰因（Gertrude Stein），引自《神圣的艾米丽》（1913作），收录于《地理与戏剧》（Geography and Plays），波士顿：Four Seas，1922年出版

玫瑰如果不叫玫瑰便会凋谢和死亡。

彼得·奥图尔（Peter O'Toole）扮演艾伦·斯旺，理查德·本杰明（导演），《金色年华》（My Favorite Year），1982年华纳兄弟出品

For more information about the Altria family of companies, visit **altria.com**.

Altria: Altria
100年后，Philip Morris Companies 更名为Altria集团。对于数以百万计的继续购买Kraft Foods股票以及 Philip Morris Tobacco 产品的人来说，该变化几乎是无形的。这个改变并不是为了消费者，而是为了金融界和那些关心这个巨人将如何管理品牌以及建筑未来的人。

承蒙Altria支持，特此致谢！

Kraft Foods
Philip Morris International
Philip Morris USA

公司是怎样被**命名的**：

许多营销专业人士声称，最好的名字总是简单且令人难忘。然而，现今无以数计的公司以及他们所生产的产品已经让那些明显具有这些特质的名字不在可选之列。幸运的是，名字可以被赋予任何意义。为了创造名字，撰稿人以及命名者已经开始巧妙地篡改拉丁文和希腊文，甚至梵文词根，前缀和后缀。Veritas这个名字就是一例，它源自当代语言而并非于英文，但却非常适合于它所代表的产品。主营电话业务的Avaya公司，亦是一个例子。

名字的基本类别：

1. 有实质意义的词：
   Apple Computers，Jaguar cars，Fidelity Investments

2. 具有描述性的名字：
   Timberline，Four Seasons Hotels，Dreamworks

3. 人名：
   Martha Stewart Everyday，Dell Computer，Veuve Clicquot，Porsche，Honda

4. 新创造或发明，在字典里找不到的词：
   Accenture，Altria，Alaris

5. 随意性较强的名字，刻意突出或忽略某些特有属性和功能：Motley Fool，Yahoo!，Red Hat，各种以".com"域名注册的网络公司

6. 公司历史渊源的名字：
   Wyeth，原美国家用产品公司名称；Citi，美国花旗银行众多理财服务公司集团名

7. 用可辨识的词组成的复合型名字：
   Microsoft，PeopleSoft，Motorola

8. 单词首字母组成的缩写：
   BMW (Bayerischen Motor Werken)，IBM (International Business Machines)，ATT (American Telephone & Telegraph)，BBC (British Broadcasting Company)

9. 在现有的词上加以变化：
   Xerox，Expedia，Infiniti

10. 着意于在全球消费者中流通的名字：
    Avaya，Sony，Nokia

劳力士：切利尼
如何创作一则广告，在期望人们关注产品品质与工艺的同时，又能即刻感受到其望族形象？劳力士的名字源自著名的佛罗伦萨的雕刻家、金匠和作家本韦努托·切利尼（Benvenuto Cellini，1500—1571）。该公司自信这个名字足以与潜在消费者产生共鸣（另见第73页）。

承蒙劳力士支持，特此致谢！

参考书目

Bernbach W. *Bill Bernbach Said...* (1989) **DDB Needham Worldwide**

Blishen E. *Donkey Work* (1983) **Hamish Hamilton**

Bond J. and Kirshenbaum R. *Under the Radar: [Talking to Today's Cynical Consumer]* (1998) **John Wiley & Sons Inc.**

Boorstin D. J. *The Image: A Guide to Pseudo-Events in America* (1961) **Harper**

Burnett L. *100 Leo's: Wit and Wisdom from Leo Burnett* (1995) **Contemporary Books**

Cohen S. E. *The Dangers of Today's Media Revolution* in ***Advertising Age*** (1991) September 30 Issue

Designers and Art Directors Association of the UK, Designers and Art Directors Association and Dzamic L. *The Copywriter's Bible: How 32 of the World's Best Advertisers Write Their Copy* (2000) **RotoVision SA**

Donadio S. (etal) *The New York Public Library: Book of Twentieth-Century American Quotations* (1992) **Stonesong Press**

Ewen S. *All Consuming Images: The Politics of Style in Contemporary Culture* (1988) **Basic Books**

Fitz-Gibbon B. *Macy's, Gimbels and Me: How to Earn $90,000 A Year in Retail Advertising* (1967) **Simon & Schuster**

Fitzhenry R. (Ed) *The Harper Book of Quotations* (1993) **HarperReference**

Gallop C. in ***Print*** (2003) Issue LVII

Grothe M. *Oxymoronica: Paradoxical Wit and Wisdom from History's Greatest Wordsmiths* (2004) **HarperResource**

Hall P. *Tibor Kalman: Perverse Optimist* (1998) **Princeton Architectural Press**

Higgins D. *The Art of Writing Advertising: Conversations with Masters of the Craft* (1987) **Contemporary Books**

Hirshberg E. quoted in ***Creativity*** (2003) May Issue

Hite M. *Methods for Winning the Ad Game* (1988) **E-Heart Press**

Hitchcock G. in ***DURAK, The International Magazine of Poetry*** (1978) Issue 1

Key W. B. *Subliminal Seduction: Ad Media's Manipulation of a Not so Innocent Media* (1974) **Signet Books**

Kirkpatrick J. *A Philosophic Defense of Advertising*, **Journal of Advertising** (1986) Volume 15 Issue 2

Kufrin J. *Leo Burnett: Star Reacher* (1995) **Leo Burnett Company**

Lawner R. quoted in ***Creativity*** (2003) May Issue

Lears J. *Fables of Abundance: A Cultural History of Advertising in America* (1994) **Basic Books**

Lehman D. *Sign of the Times: Deconstruction and the Fall of Paul de Man* (1991) **Poseidon Press**

Leibling A. J. *The Wayward Pressman* (1947) **Doubleday and Company**

Lois G. *$ellebrity: My Angling and Tangling with Famous People* (2003) **Phaidon Press**

Lois G. and Pitts B. *What's the Big Idea: How to Win With Outrageous Ideas (That Sell!)* (1991) **Doubleday Dell Publishing Group**

McLaughlin M. *The Second Neurotic's Notebook* (1966) **Bobbs-Nerrill**

McLuhan M. *The Age of Advertising* in ***Commonweal Magazine*** (1953)

McLuhan M. and Lapham L.H. (Introduction) *Understanding Media: The Extensions of Man* (1994) **The MIT Press**

Martin K. quoted in ***One. A Magazine*** (2002) Volume 6 Issue 2

Olgilvy D. *Confessions of an Advertising Man* (1963) **Longman**

Olgilvy D. *Ogilvy on Advertising* (1985) **Vintage Books**

O' Neill G. quoted in ***Creativity*** (2003) May Issue

O' Toole J. E. *The Trouble with Advertising* (1985) **Random House USA Inc.**

Picasso P. in ***Parade*** (1965) January Issue

Poynor R. *Obey the Giant: Life in the Image World* (2001) **August; Basel: Birkhäuser**

Reeves R. *Reality in Advertising* (1986) **Alfred A. Knopf**

Rothenberg R. *Where the Suckers Moon: An Advertising Story* (1994) **Alfred A. Knopf**

Ryokan and Stevens J. (Introduction) *One Robe, One Bowl: Zen Poetry of Ryokan* (1977) **Weatherhill Publishers**

Schudson M. *Advertising, The Uneasy Persuasion: It's Dubious Impact on American Society* (1984) **Basic Books**

Sellers P. *Altria's Perfect Storm* in ***Fortune*** (2003) April 28 Issue

Starch D. *Principles of Advertising* (1985) **Taylor & Francis**

The Art Directors Club and Meyer J. M. (Ed). *Mad Ave: A Century of Award-Winning Advertising of the 20th Century* (2000) **Universe Books**

Wieden D. quoted in ***One. A Magazine*** (2002) Fall Issue, Volume 6 Issue 2 *(Think Small)*

Williams R. H. *The Wizard of Ads: Turning Words into Magic and Dreamers into Millionaires* (1998) **Bard Press**

Zimmerman J. E. *Dictionary of Classical Mythology* (1965) **Harper & Row**

没有阅读，你只看懂设计的10%!

做为设计师的你从来不屑阅读？

可能是中文版的陈旧，外文版的费劲？

抑或仍天真地以为设计是视觉语言，不需要阅读？

无论什么原因，设计是基于策略执行。

没有策略思考，你只是个完稿。

《Gallery形录 —— 全球最佳图形设计》

两个月一辑，一览全球顶尖设计师们新近大作；
并附创作策略说明，让你知其然更知其所以然；
220多页超过两百件海量作品，足够你两个月的
创作灵感所需；两大苛刻的选稿标准：巧妙的创
意与完美的视觉表现。内容涵盖：包装、形象识
别、海报、出版物、环境展示、卡片、广告、售
卖店、促销品等设计师工作之经常项目……

本系列图书由广西美术出版社与奇力文化联合推出

购买该书请联络：info@choisgallery.com